Auteur : Gilles Arthur
Illustrateurs : Jean-Marie Poissenot et Carole Gourrat (histoire de la magie et portraits), Éric Puybaret (tours de magie), Sarah Andreacchio (couverture)

Directeur : Sarah Kœgler-Jacquet
Directeur artistique : Florent Salaün
Responsable éditoriale : Sandra Berthe
Editeur : Nathalie Marcus
Graphiste : Anna Guillet
Fabrication : Anne-Laure Soyez
Maquette, et suivi éditorial : Macha Publishing et Ivana Vukojicic
Corrections : Agnès Scicluna

58, rue Jean Bleuzen – 92178 Vanves

GILLES ARTHUR

LE GRAND LIVRE DE LA MAGIE

DEUX COQS D'OR

Sommaire

Les tours de pièces

Les tours de cordes

Les tours d'allumettes

Les tours divers

À savoir

Avant-propos

Cette encyclopédie sur le monde de la magie vous invite à suivre l'évolution de l'art magique jusqu'à nos jours à travers les grands noms de cet univers extraordinaire. Elle regroupe la plupart des tours de prestidigitation classiques ou originaux permettant au débutant de s'initier à l'illusionnisme.

Entrez donc dans ce monde merveilleux et irréel où tout est possible. Il suffit de l'imaginer. Mais ne soyez pas dupe, il vous faudra beaucoup travailler et répéter les tours avant de les présenter, afin de vous libérer de la technique pour vous consacrer à l'essentiel : la révélation du magicien qui est en chacun de nous.

La règle d'or de la magie : le serment du secret

Un illusionniste ne doit jamais révéler ses secrets. C'est pourquoi toute personne s'inscrivant dans une association de magiciens prête le serment du secret et s'engage ainsi à ne pas dévoiler les astuces de la profession. Un illusionniste qui prend le risque de bafouer cette règle est immédiatement radié des associations et renié par ses confrères.

Introduction

En ce début de XXIe siècle, la magie n'a jamais été aussi à la mode. Répondant sans aucun doute au goût que l'homme nourrit depuis toujours pour l'inexplicable, elle représente le mystère et ouvre les portes du merveilleux. Loin d'avoir éclipsé les tours de prestidigitation, il semblerait que les nouvelles technologies aient plutôt ravivé l'admiration du public pour ces séances énigmatiques. Dans notre monde si « perfectionné », quoi de plus fascinant que de voir quelqu'un réussir à faire disparaître une pièce de monnaie simplement avec ses mains ! Prestidigitateurs, illusionnistes, ceux que l'on appelle aussi poétiquement « magiciens », ont le pouvoir de plonger les spectateurs dans un univers fantastique où le rêve et l'imaginaire effacent toute réalité.

C'est ce monde magique que ce livre vous propose de découvrir à travers son histoire, ses personnages célèbres, et des techniques de base accessibles à tous, qui transformeront bientôt n'importe quel amateur en prestidigitateur averti.

Avant de commencer, n'oubliez pas ceci : la magie n'est magie que si elle garde une part de mystère. Elle n'est pas tant dans la maîtrise des tours de mains, que dans l'émotion que vous arriverez à transmettre...

L'histoire
de la magie

L'origine de la magie

La Préhistoire

L'homme préhistorique est dépourvu de connaissances techniques et scientifiques. Il est confronté à des phénomènes naturels dont il ne peut comprendre ni l'origine ni l'essence.

Pour lui, le tonnerre et la foudre, un tremblement de terre ou une éruption volcanique ont une origine « magique » et sont produits par une « force » divine qui lui est supérieure. Pour essayer de conjurer ces phénomènes, de les différer ou de les atténuer, l'homme préhistorique invente des rites qui célèbrent les forces de la nature.

Apparaissent alors les premiers sorciers qui prétendent disposer de pouvoirs surnaturels, avoir accès à un autre monde et communiquer avec des divinités, des esprits, etc. Ces chamans, mages et autres devins sont, en fait, les lointains ancêtres des illusionnistes qui, aujourd'hui, se contentent de faire apparaître et disparaître des cartes à jouer, des lapins ou des monuments…

Le bâton du sorcier

Le sorcier de la Préhistoire manie un bâton qui symbolise son pouvoir. Au fil des siècles, la tradition se maintient, et tous les hommes influents en possèdent un.

Selon la Bible, le prophète Moïse et son frère Aaron utilisent leur bâton respectif à de nombreuses reprises. Pour convaincre le pharaon d'affranchir les Hébreux et de les autoriser à quitter l'Égypte, Aaron transforme son bâton en serpent. Peu après, il en fouette le Nil qui se change en un fleuve de sang, puis appelle sur le pays une pluie de grenouilles et une nuée de poux. Après que les Hébreux ont fui l'Égypte, Moïse frappe un rocher afin d'en faire jaillir une source et de désaltérer son peuple assoiffé.

D'une façon générale, la plupart des souverains de l'Antiquité affirment qu'ils tiennent leur pouvoir des dieux, et le sceptre qu'ils brandissent manifeste cette puissance. Ces différents bâtons sont les ancêtres de la baguette magique dont beaucoup de magiciens d'aujourd'hui ne se séparent jamais...

Les « miracles » de l'Antiquité

Pour asseoir leur pouvoir et impressionner les fidèles, les prêtres de l'Antiquité recourent à l'illusionnisme pour simuler des miracles divins (le mot « magie » et ses dérivés sont forgés sur le nom des « mages » de l'ancien empire perse, l'Iran d'aujourd'hui. Les mages étaient des gens fort savants et férus, notamment, d'astrologie).

Certains prétendent posséder le don d'ubiquité ou le pouvoir de voler. Dans les temples, des mécanismes secrets permettent aux lourdes portes en pierre de s'ouvrir toutes seules lors des cérémonies. Grâce à des procédés acoustiques ou à leur talent de ventriloque, les prêtres qui se tiennent à proximité d'effigies divines font « parler » ou « chanter » ces statues. À l'aide d'un système de vis et de poulies, le feu allumé sur un autel parvient à faire pivoter la porte qui, d'un coup, dévoile la statue divine...

À Rome, lors des fêtes organisées en l'honneur de Bacchus, dieu de la vigne et de l'ivresse, des fontaines laissent couler du vin tandis que des statues de déesses donnent du lait à volonté, comme par magie.

En fait, selon les textes les plus anciens, il semble qu'il ait toujours existé une distinction entre, d'une part, les simples illusionnistes, qui n'ont d'autre but que de divertir en réalisant des tours de passe-passe ou d'adresse et, d'autre part, les magiciens, qui prétendent disposer de pouvoirs leur permettant d'influer sur le cours des événements, de connaître des vérités inaccessibles aux autres hommes, etc.

Les premiers illusionnistes égyptiens

Le premier spectacle d'illusionisme dont une trace écrite a été conservée remonte à l'Égypte ancienne. Il est relaté dans un papyrus conservé au British Museum, à Londres, et détaille un spectacle donné devant le roi Khufu par le magicien Tchatchaem-Ankh, en 3766 avant J.-C.

Un millénaire plus tard, un autre Égyptien, le vieux Dedi de Desnefu, se produit devant le pharaon Khéops, bâtisseur de la plus grande des Pyramides. L'illusionniste décapite un bœuf, une oie et un canard avant de leur restituer à chacun leur tête. Mais il refuse de renouveler l'opération avec un homme, comme le lui suggère le pharaon…

Des escamoteurs habiles

C'est également en Égypte qu'apparaissent les premiers escamoteurs connus (ainsi que le montre peut-être une peinture dessinée dans un tombeau du village de Beni Hassan). Ceux-ci manipulent avec habileté des gobelets renversés qui, à tour de rôle, laissent ou non apparaître des billes. Au fur et à mesure des manipulations, des fruits (pommes, oranges, citrons, etc.), voire des oisillons ou des verres de vin, remplacent ces petites sphères. Ces escamoteurs se produisent sur les places publiques, les jours de marché.

Dans le monde grec, parmi les plus célèbres de ces amuseurs publics, figurent Crathistènès ou Philistridés de Syracuse. Au IVe siècle avant J.-C., des cracheurs de feu et des avaleurs de sabre participent aux festivités organisées pour le mariage d'Alexandre le Grand. Sous le règne de ce même conquérant, un illusionniste nommé Théodoros a l'habitude de divertir les convives assemblés à l'occasion de banquets. Sa renommée est si grande que ses contemporains lui élèvent une statue décorée avec des gobelets et des dés.

Dans d'autres pays se développe aussi un art de l'illusionnisme. Les Chinois font apparaître des bocaux où nagent des poissons rouges. Les Japonais transforment des morceaux de papier en papillons.

La magie du Moyen Âge

Gobelets et noix de muscade

Les illusionnistes d'aujourd'hui descendent en droite ligne des escamoteurs du Moyen Âge. À cette époque, jongleurs, cracheurs de feu, manipulateurs de gobelets, de dés, de pièces ou de cartes déploient leurs talents et leur habileté lors de foires organisées dans les villes ou dans les cours des châteaux. Des connaissances dans le domaine de l'optique, de la chimie et de la physique, l'exploitation de la crédulité populaire, la maîtrise de la suggestion ou de la dissimulation leur permettent de détourner l'attention du spectateur au moment le plus propice pour réaliser leur tour.

Venue de l'Antiquité, une des attractions les plus répandues consiste à faire passer subrepticement une noix de muscade d'un gobelet à un autre. Ce tour de passe-passe est à l'origine d'une expression utilisée par les escamoteurs et encore employée aujourd'hui : « Passez muscade ».

Les persécutions de l'Église

Dans un premier temps, l'Église se montre assez conciliante à l'égard des illusionnistes. Mais les autorités religieuses ne tardent pas à réprimander leurs activités qu'elles trouvent suspectes : à cette époque, les évêques ne font pas la différence entre les sorciers et les simples illusionnistes.

Au début du XIIe siècle, les bateleurs sont soupçonnés d'hérésie et interdits de séjour dans de nombreuses villes de France. Les tours de passe-passe constituent des distractions auxquelles un bon chrétien ne doit pas assister : pour le clergé, les représentations des illusionnistes sont des spectacles dissolvants qui troublent les âmes en les incitant à la luxure et en donnant l'exemple de tous les vices... Les magiciens sont accusés d'être inspirés par le Démon et « de ne devoir leur adresse qu'à des sorcelleries et à des enchantements ».

Les persécutions s'amplifient et, quelques décennies plus tard, les escamoteurs comparaissent devant les tribunaux de l'Inquisition qui les condamnent souvent à être brûlés vifs.

Merlin l'Enchanteur

Héros de l'épopée des Chevaliers de la Table ronde, Merlin l'Enchanteur naquit, en Bretagne, de l'union mystérieuse du diable et d'une jeune fille douce et solitaire. Il se fit remarquer alors qu'il n'était encore qu'un enfant en prédisant la fin du méchant roi Vortigern. Appelé auprès du nouveau roi Uter-Pendragon, il accomplit à son service de nombreux miracles.

Selon la légende, ce magicien extraordinaire souleva d'énormes pierres à l'aide de ses pouvoirs magiques et bâtit ainsi le cimetière de Stonehenge élevé à la gloire des soldats de Pendragon tombés au combat. À la mort du roi, il devint le précieux conseiller de son successeur le jeune roi Arthur, pour lequel il redoubla d'ingéniosité. Possédant des dons de divination hors du commun, il pouvait aussi, à l'aide de mystérieux sortilèges, envoyer sur le champ de bataille des dragons cracher des flammes sur les troupes ennemies. Diplomate malicieux, Merlin fut aussi un ambassadeur hors pair : il arrangea habilement le mariage entre Arthur et la charmante Guenièvre.

Mais c'est une femme qui réduisit les pouvoirs de l'enchanteur à néant. Succombant aux charmes de Viviane, Merlin lui livra tous ses secrets et se fit enfermer à l'aide de ses propres sortilèges par cette amoureuse exclusive. Depuis lors, ce magicien romantique file des jours heureux dans un château enchanté, prisonnier de sa belle !

La magie moderne

La Renaissance

Peu à peu, l'Église desserre son étreinte et les escamoteurs recommencent à animer les foires. En France, sous le règne de François Ier, au XVIe siècle, un magicien surnommé maître Gonin acquiert une grande célébrité.

À partir de 1584, des livres commencent à expliquer et à détailler les tours de magie et, peu à peu, ces derniers ne sont plus considérés comme des pratiques démoniaques. Les escamoteurs ont de nouveau le droit de se produire en public, en compagnie des jongleurs, des danseurs de corde, des arracheurs de dents, des vendeurs d'onguents et des démonstrateurs de lanterne magique.

Les aventuriers du XVIIIe siècle

Au XVIIIe siècle, en Italie, le chevalier Giuseppe Pinetti diversifie les tours et invente de nouveaux effets. Surtout, il quitte la rue et se produit dans de véritables théâtres. G. Pinetti utilise des automates et fait croire aux badauds crédules qu'il dispose d'un pouvoir de divination. Il n'hésite pas à tricher aux cartes pour arrondir sa fortune, mais reverse une partie de ses bénéfices aux pauvres... À la même époque, d'autres magiciens (ils se donnent le nom de physiciens) se plaisent à mystifier les foules.

À Paris, la bonne société se passionne pour des aventuriers comme les Italiens Giovanni Giacomo Casanova (1725-1798) ou Giuseppe Balsamo (dit le comte Alexandre de Cagliostro, 1743-1795). Un autre mystificateur attire lui aussi les foules : le (faux) comte de Saint-Germain, qui prétend être âgé de plusieurs siècles.

Savants, écrivains, beaux parleurs ou charlatans, ces personnages ouvrent des cabinets où la science se mêle à la magie. Habillés de vêtements extravagants et brodés de signes cabalistiques, ils font trembler les spectateurs en réalisant des tours spectaculaires.

Pourtant, peu à peu, avec les avancées scientifiques et le recul des superstitions, la société apprend à vraiment faire la différence entre, d'une part, les pratiques qui relèvent de la magie et de l'occultisme et, d'autre part, les simples tours d'illusionnisme, basés sur le trucage et l'habileté.

Les tours de Buatier de Kolta

Débarrassé de toute référence à la sorcellerie, l'illusionnisme gagne définitivement ses lettres de noblesse au XIXe siècle. C'est d'ailleurs à cette époque qu'apparaît le mot « prestidigitation », qui aurait été créé par un illusionniste français nommé Jules de Rovère.

Son compatriote, Joseph Buatier (1847-1903), s'amuse à distraire ses amis avec des tours de cartes lorsqu'il rencontre un imprésario hongrois, Julius Vido de Kolta. Sous le nom de « Buatier de Kolta », il met au point un numéro qu'il présente dans toute l'Europe, aux États-Unis et en Russie.

Il crée des tours nouveaux. Certains demeurent inexpliqués mais d'autres sont toujours utilisés.

Aux Pays-Bas, Buatier de Kolta invente le numéro de la « cage volatilisée » : un véritable oiseau et la cage métallique qui le renferme disparaissent d'un coup devant des spectateurs médusés. C'est lui qui, pour la première fois, utilise des foulards de soie (son père était marchand de tissus).

Son tour le plus célèbre est celui de la « jeune fille volatilisée » : une assistante prend place sur une chaise, au centre de la scène. Pour montrer qu'il ne peut y avoir de trappe, des feuilles de journal sont disposées sur le plancher. La jeune fille est recouverte d'un tissu et, tout à coup, elle disparaît d'une manière apparemment inexplicable.

La dernière attraction mise au point par Buatier de Kolta date de 1886. Dans ce tour, dit du « dé grossissant », un dé à jouer d'environ 20 cm de côté est posé sur une table. En quelques instants, le dé grossit et quadruple de volume. Soudain, il s'ouvre et laisse apparaître une jeune fille qui était cachée à l'intérieur.

La magie contemporaine

Des lions et des chevaux

Durant les dernières années du XIXe siècle et au début du XXe siècle, la concurrence que se livrent les magiciens les incite à réaliser des spectacles de plus en plus impressionnants.

Aux États-Unis, Harry Kellar (1849-1922) convoque des esprits sur la scène où il se produit et fait « voler » devant lui objets et êtres humains. Un autre Américain, Howard Thurston (1869-1936), est l'un des premiers à s'entourer de nombreux collaborateurs : des douzaines d'assistants transportent son matériel et l'aident à exécuter ses tours. L'illusion nommée « La Dame et le lion » est présentée de 1910 à 1929 : une assistante et un fauve pénètrent chacun dans une cabine dont les rideaux sont ensuite tirés. L'instant suivant, ils apparaissent chacun dans la cabine de l'autre.

Harry Blackstone (1885-1965) accélère le rythme des représentations. Vêtu d'un costume de soirée, il présente des numéros comme « Le cheval qui s'évapore » et fait flotter devant lui une assistante, un mouchoir emprunté à un spectateur, un verre de lait, voire une ampoule électrique incandescente mais dépourvue de fil.

Le coup de la scie

À Londres, en 1921, le magicien P. T. Selbit (de son vrai nom Percy Thomas Tibbles, 1881-1938) met au point un tour repris ensuite bien souvent : il « scie » son assistante en deux. Peu après, à New York, Horace Goldin renouvelle ce numéro mais, pendant « l'opération », la tête, les mains et les pieds de son partenaire restent visibles.

Né au Canada, David Frederick Wingfield Verner, dit « Dai Vernon » (1894-1992), est l'un des prestidigitateurs les plus connus du XXe siècle et améliore nombre de tours de cartes. L'américain Channing Pollock révolutionne également la prestidigitation. C'est lui qui, le premier, fait apparaître des colombes, ce que les magiciens du monde entier s'empressent d'imiter.

Après la Seconde Guerre mondiale, la magie devient plus sophistiquée, comme en témoignent les tours diffusés aujourd'hui à la télévision.

Disparitions en tous genres

L'illusionnisme connaît une nouvelle et profonde transformation à la fin du XXe siècle. Les tours atteignent une dimension grandiose.

Héritier d'un Anglais oublié, Jasper Maskeline, qui savait faire disparaître les blindés et même les villes, l'américain David Copperfield (de son vrai nom David Seth Kotkin) parvient à faire de même avec un avion ou un wagon-restaurant. Poursuivant sur cette voie, il s'en prend aussi à la statue de la Liberté du port de New York, et réalise un numéro de lévitation unique en son genre.

Quelques années plus tard, Gilles Arthur réussit, pour la première fois en Europe, une « méga-illusion » : en 1990, devant des milliers de spectateurs, il fait s'élever dans les airs l'hôtel de ville de Gagny. Ce tour de force, qui n'avait jamais été réalisé, suscite la création d'une manifestation devenue célèbre, le Festival des Mandrakes d'Or.

En 1993, Gilles Arthur s'attaque à la tour Eiffel et la fait disparaître sous les yeux des spectateurs rassemblés place du Trocadéro, et devant des caméras de télévision.

En France, la magie « explose » vraiment dans les toutes dernières années du XXe siècle. Les nouvelles émissions qui lui sont consacrées attirent des millions de téléspectateurs et les sociétés de production se consacrent à l'élaboration de nouveaux programmes.

Venus du monde entier, les magiciens les plus habiles se produisent régulièrement à la télévision et permettent au public de découvrir les multiples facettes de cette discipline.

Les grands shows

Au début du XXe siècle, la naissance du music-hall conduit les illusionnistes à monter de véritables spectacles scénarisés qui leur permettent d'accumuler les effets et les rebondissements pour mieux tenir les spectateurs en haleine. La magie devient alors extrêmement populaire et les magiciens rivalisent de créativité. Ils travaillent particulièrement la mise en scène de leurs numéros. Attrayantes et colorées, les affiches de l'époque sont conçues dans le but d'attirer un public nombreux.

De brillants illusionnistes appartenant à différents pays marquent ce siècle. Outre un illusionniste sourd, Theo Bamberg, dit « Okito », le plus fameux d'entre eux est Erich Weiss (1874-1926), dit Harry Houdini (il forge ce nom de scène sur celui de Robert-Houdin). Surnommé le « roi de l'évasion », cet Américain d'origine hongroise se débarrasse en un temps record, grâce à une habileté extraordinaire, de n'importe quel lien : cordes ou menottes, chaînes, cadenas ou camisole de force...

À Las Vegas, à partir des années 1970, l'Allemand Siegfried Fischbecker et son assistant américain Roy Horn font apparaître et disparaître des tigres et d'autres gros animaux lors de shows grandioses.

Jean-Eugène Robert-Houdin

Nom de naissance :
Jean-Eugène Robert

Lieu et année de naissance :
né à Blois en 1805.

Signe particulier :
il fut surnommé le « rénovateur de l'art magique ».

Né en 1805, ce virtuose de la magie fut d'abord un horloger de talent. Remarqué à l'Exposition universelle de 1844, son automate écrivain-dessinateur, qui produisait des mots et des dessins en réponse aux questions des spectateurs, remporta un franc succès et fut même remarqué par le roi Louis-Philippe.

En 1845, Robert-Houdin décida d'ouvrir, au Palais-Royal, un théâtre produisant des spectacles d'illusionnisme raffinés et modernes.

Il s'abstint donc de tout costume excentrique, mit de côté les mises en scène de mauvais goût aux mystifications grossières et donna à la magie blanche de nouvelles lettres de noblesse. Bientôt, le Tout-Paris se précipita au théâtre des « Soirées fantastiques » pour découvrir les numéros que Robert-Houdin réalisait avec son fils Émile. Ils firent sensation avec un tour spectaculaire pendant lequel Émile se maintenait en position horizontale, tout seul à partir d'un simple support placé sous le bras.

Personnage aux multiples facettes, il fut à la fois un illusionniste remarquable et un brillant chercheur scientifique.

Harry Houdini

Nom de naissance :
Erich Weiss

Lieu et année de naissance :
né à Budapest en 1874.

Signe particulier :
il fut surnommé le « roi de l'évasion ».

Né en 1874 à Budapest et installé depuis son enfance aux États-Unis, Erich Weiss prit le pseudonyme de Harry Houdini en témoignage d'admiration pour le grand prestidigitateur français Robert-Houdin. Le « grand Houdini » débuta sa carrière par des tours de cartes. C'est en 1905 qu'il se spécialisa dans le genre qui lui vaudra le surnom de « roi de l'évasion ».

Sa spectaculaire évasion de la prison de Washington eut des échos retentissants dans la presse mondiale : enchaîné nu dans une cellule solidement verrouillée, Houdini parvint à s'évader sous le nez des gardiens et changea de cellule tous les autres prisonniers ! Un peu plus tard, en 1908, il plongea, attaché par une camisole de force, dans un trou sous la glace pour ressortir dix minutes plus tard, libéré de ses entraves.

Ce magicien de l'extrême multiplia les expériences les plus risquées. Le numéro de la « boîte à lait » pendant lequel il se dégagea d'une jarre remplie d'eau est resté légendaire.

À son enterrement, l'un de ses amis, regardant son cercueil, aurait murmuré à son voisin : « Je parie qu'il n'y est déjà plus ! »

Kellar

Nom de naissance :
Heinrich Keller

Lieu et année de naissance :
né en Pennsylvanie en 1849.

Signe particulier :
son numéro de la cage à oiseau qui disparaît fit scandale. Un spectateur ayant cru à la supercherie, rapporta qu'un serin était tué chaque soir lors de la représentation.

Kellar (1849-1922) fut sûrement l'un des magiciens les plus populaires des États-Unis. Il présentait ses tours avec une grande simplicité et y mettait tellement de conviction qu'une fois sorti, le public ne doutait pas d'avoir assisté à de véritables miracles. Il eut beaucoup de succès avec « la fée des roses », gracieuse apparition d'une jeune femme au milieu de fleurs, ou encore son « cabinet spirite » où un mystérieux esprit écrivait les réponses aux questions des spectateurs.

Thurston

Nom de naissance :
Howard Thurston

Lieu et année de naissance :
né dans l'Ohio en 1869.

Signe particulier :
8 wagons lui étaient nécessaires pour transporter tout son matériel !

Howard Thurston (1869-1936) se fit remarquer dans un bar de Cleveland par un patron de cirque. Ce fut le début d'une carrière fulgurante. Ses tours de cartes d'une habileté rare impressionnèrent son public. En 1900, il se produisit six mois consécutifs au *Theatre Palace* en Angleterre puis, deux ans plus tard, au théâtre Marigny à Paris. Il disputa le titre de « roi des cartes » à Harry Houdini et parcourut le monde entier avec diverses tournées de music-hall et de cirque. Associé un temps avec Kellar, tous deux connurent un grand succès, leurs spectacles mêlant ingénieusement la prestance de Kellar et la virtuosité de Thurston.

Tina Lenert

Nom de naissance :
Tina Lenert

Lieu et année de naissance
née au Venezuela en 1948.

Signe particulier :
elle joue de la harpe et se produit régulièrement en concert.

Tina Lenert est l'une des rares femmes magiciennes à avoir fait une véritable carrière dans le monde de la magie. Née en 1948 au Venezuela, elle devient célèbre à la fin du XXe siècle en associant le mime à la magie.

Son charme et sa poésie font d'elle un modèle du genre où la prestidigitation se met au service de la magie et de l'expression artistique. Dans son plus célèbre numéro, elle joue le rôle d'une femme de ménage qui s'endort adossée à un balai. Celui-ci prend vie et la transforme progressivement en princesse…

Luis de Matos

Nom de naissance :
Luis de Matos

Lieu et année de naissance :
né au Mozambique en 1970.

Signe particulier :
il produit de nombreux festivals de magie de rue dans tout le Portugal.

Ce magicien portugais a tous les talents. Magicien vedette dans son pays, il produit régulièrement des émissions de magie à la télévision.

De la manipulation à la grande illusion, chacune de ses prestations est empreinte de raffinement. Magicien romantique, il excelle dans les numéros poétiques et spectaculaires.

Invité d'honneur des Mandrakes d'Or 2000, il a fait sa première émission de télévision française à cette occasion, dans le show télévisé de Gilles Arthur.

Doug Henning

Nom de naissance :
Douglas Henning

Lieu et année de naissance :
né au Canada en 1947.

Signe particulier :
en décembre 1975, plus de 50 millions de spectateurs assistent en direct à l'émission de Bill Cosby pendant laquelle Doug Henning s'évade d'un aquarium rempli d'eau.

Magicien canadien très en vogue à la fin des années 1970, il excellait dans un style décontracté et a fait preuve d'une grande originalité en créant une comédie musicale, *The Magic Show*, à Broadway, en 1974.

Ce personnage en blue-jean et tee-shirt a été très présent sur scène et à la télévision avant qu'il ne cesse d'exercer le métier de magicien de manière aussi surprenante qu'inattendue. Cette intrigante « disparition » qui traduit, pour certains, une volonté de se consacrer à la méditation et à la recherche d'un monde meilleur, en fait une légende vivante.

Siegfried et Roy

Nom de naissance :
Siegfried Fischbacher et Roy Horn

Lieu et année de naissance
Siegfried Fischbacher est né en Allemagne en 1939 et Roy Horn est né en Allemagne en 1944.

Signe particulier :
ils possédaient à eux deux 55 tigres et 16 lions.

Ces deux illusionnistes germano-américains sont des stars incontestées de la magie.

Rendus célèbres pour leurs gigantesques shows à Las Vegas, Siegfried et Roy ont marqué l'histoire de la magie à jamais avec leurs tigres blancs.

En 2003, Roy connut un tragique accident sur la scène du Mirage : un tigre de 7 ans l'attrapa à l'épaule et au cou.

Après une très longue rééducation, il put participer à un ultime show d'adieu en 2009 lors d'une soirée de charité.

Lance Burton

Nom de naissance :
Lance Burton

Lieu et année de naissance :
né dans le Kentucky en 1960.

Signe particulier :
il a été élu « Meilleur magicien » par le *Las Vegas Review-Journal* 11 fois de suite.

Né en 1960, Lance Burton devient magicien professionnel à 20 ans et remporte le titre de champion du monde à 22 ans, à Lausanne, avec un numéro de colombes.

Devenu l'une des stars mondiales incontournables, il signe un contrat « mirobolant » avec un grand hôtel de Las Vegas, dans lequel il exécute son propre spectacle. Il est aujourd'hui le modèle de toute une génération qui reconnaît en lui un nouveau grand magicien des temps modernes.

David Copperfield

Nom de naissance :
David Seth Kotkin

Lieu et année de naissance :
né dans le New Jersey en 1956.

Signe particulier :
il est le plus jeune magicien à être admis à la Société des magiciens américains à l'âge de 12 ans.

David Copperfield est né en 1956. Très jeune, il se lance dans d'énormes illusions et, après avoir fait disparaître un avion avec l'aide du producteur magicien Christian Fechner, il fait disparaître la statue de la Liberté !

Devenu l'un des magiciens les plus célèbres du monde, il présente de grands shows aux quatre coins de la planète.

Grâce à son remarquable sens de la communication, David Copperfield sait capter l'attention des médias comme personne. Son tour intitulé « le vol » est une performance technique et artistique qui rend plus d'un magicien admiratif !

Gilles Arthur

Nom de naissance : Gilles Arthur Mancuso

Lieu de naissance : né à Montfermeil.

Signe particulier : il a été pendant 10 ans le magicien de l'émission *Fort Boyard.*

Gilles Arthur est un artiste complet qui touche, dès ses débuts, à toutes les magies : de la magie de proximité à la magie pour la télévision.

Il a produit de nombreux shows télévisés français et de grands spectacles pour des scènes parisiennes. Grâce à son enthousiasme et à une énergie hors du commun, il fait partager sa passion au plus grand nombre.

Producteur de très nombreuses émissions de télévision, il est également auteur et metteur en scène de plusieurs spectacles dont la revue familiale du Lido de Paris : *Les aventures de Marion*, qui est restée 5 ans à l'affiche.

Gérard Majax

Nom de naissance :
Gérard Faier

Lieu et année de naissance :
né à Nice en 1943.

Signe particulier :
il a créé les *Éditions Abracadabra* et a publié une trentaine d'ouvrages sur la magie.

Gérard Majax a été l'un des magiciens qui a le plus lutté contre les charlatans aux prétendus pouvoirs supranormaux. Vedette dans les années 1970, il entre dans l'histoire de la télévision avec un jeu devenu célèbre : *Y a un truc*. Son principe est simple. Il présente un défi et propose au public de jouer à trouver le truc qui permet de réaliser ce défi. La France entière découvre alors l'univers des trucs et de la magie. Sur scène, Gérard Majax présente un remarquable numéro de *pickpocket* lui permettant de jouer avec le public de manière humoristique.

Il fut l'un des rares magiciens à obtenir la plus haute distinction en magie : un Mandrake d'honneur.

José Garcimore

Nom de naissance :
José Garcia Morena

Lieu et année de naissance :
né en Espagne en 1940.

Signe particulier :
avant de se consacrer à la magie, il était chef d'orchestre et jouait du tuba.

José Garcimore est devenu très populaire à la fin des années 1970 grâce à la télévision et aux célèbres tours « ratés » et « décontrastés » qu'il présentait en compagnie de Denise Fabre et de Pierre Douglas.

Son accent et son humour ont fait de lui un personnage très apprécié du public. Pourtant, il se sentira toute sa vie mal aimé.

Musicien et magicien, cet artiste complet avait la particularité de toucher tous les publics, notamment celui des enfants. Mais peu de gens connaissaient son immense talent de musicien et de chansonnier.

Hans Klok

Nom de naissance :
Johannes Franciscus Catharinus

Lieu et année de naissance :
né aux Pays-Bas en 1969.

Signe particulier :
il est surnommé le « magicien le plus rapide du monde ».

Cette vedette hollandaise est probablement le premier Européen à présenter, à la fin du XXe siècle, des shows gigantesques de grande illusion, accompagné d'une impressionnante troupe de danseuses.

Très attentif à son « look », ce magicien propose à son public des prestations classiques mais extrêmement soignées, au rythme très soutenu.

Les choix musicaux d'Hans Klok font partie intégrante de ses spectacles et leur apportent une note de modernité.

Érix Logan

Nom de naissance :
Enrico Del Buono

Lieu et année de naissance
né à Brescia (Italie) en 1967.

Signe particulier :
il a reçu 2 Mandrakes d'Or avec 2 numéros différents.

Cet Italien a réussi, avec sa partenaire, à personnaliser et à renouveler des tours de référence, comme celui de l'empalement ou le tour de la caisse aux épées.

Il a créé un extraordinaire numéro d'empalement sur ciseaux géants. Quant au tour de la caisse aux épées, Érix, probablement inspiré par la « télévision réalité » où les caméras sont omniprésentes, a imaginé une nouvelle version dans laquelle on place une caméra à l'intérieur de la caisse, pour permettre au public de vivre en direct l'enfoncement des épées. Les spectateurs peuvent ainsi voir – sans toutefois percer le mystère – l'image de sa partenaire à l'intérieur de la caisse et des épées qui entrent une à une. Érix Logan est un véritable modèle de magicien des temps modernes.

Jan Madd

Nom de naissance :
Jean-Claude Coquelin

Lieu et année de naissance :
né à Cherbourg en 1946.

Signe particulier :
il a été engagé pendant deux ans sur le paquebot *Le France*.

Célèbre magicien français, Jan Madd est l'un des premiers à avoir représenté la France dans le monde entier avec son numéro de colombes.

Sa carrière est riche en performances. Son classicisme et son élégance en font un magicien de référence.

Il a créé le premier théâtre magique parisien sur une péniche appelée *Métamorphosis*, où il se produit régulièrement. Cette ancienne péniche de quarante mètres a été transformée en un ravissant théâtre-salon de plus de cent places, décoré en trompe-l'œil dans un style XIXe.

Dani Lary

Nom de naissance :
Hervé Bitoun

Lieu et année de naissance :
né en Algérie en 1958.

Signe particulier :
il a créé des numéros magiques pour les concerts de Johnny Hallyday au Stade de France.

Dani Lary est né à Oran en Algérie. C'est à Romans-sur-Isère qu'il débute véritablement au café-théâtre : *La Charette*. Quelques années plus tard, il reçoit un Mandrake d'Or au *Paradis Latin* avant de se faire remarquer par Patrick Sébastien qui l'engage dans son émission.

Cet artiste se met alors à imaginer un grand nombre d'illusions qui seront fabriquées spécialement pour lui par une équipe fidèle.

Il est devenu le magicien atitré de l'émission de France 2 : *Le Plus Grand Cabaret du Monde*.

Criss Angel

Nom de naissance :
Christopher Nicholas Sarantakos

Lieu et année de naissance :
né à East Meadow, près de New York, en 1967.

Signe particulier :
il a un diplôme en pyrotechnie.

Criss Angel est né en 1967 à East Meadow près de New York.

Ses talents multiples d'acteur, de danseur et de musicien lui permettent de se faire une place bien à part dans le monde de la magie. Il pratique ce que l'on appelle de la « street magie », et c'est au contact direct de la rue qu'il acquiert de la notoriété avec des illusions basées sur la force mentale.

Il devient le premier magicien gothique à se faire connaître sur la planète grâce à de spectaculaires numéros de lévitations.

Ehrlich Brothers

Noms de naissance :
Andreas Reineit
et Christian Reineit

Lieux et années de naissance :
les deux frères sont nés en Allemagne, Andreas en 1978, Christian en 1982.

Signes particuliers :
inspirés par Siegfried et Roy, ils pourraient bien devenir les nouvelles stars mondiales de la magie.

Andreas et Christian Ehrlich découvrent la magie avec une simple boîte de magie…

En quelques années, ils vont se hisser au plus haut rang mondial de la discipline avec des shows spectaculaires et modernes.

L'un de leurs numéros phares met en scène leur propre apparition, ainsi que celle d'une moto à partir d'un iPad géant.

Aujourd'hui, ce sont eux qui font rêver la jeune génération avec leurs spectacles incroyables et leurs boîtes de magie d'initiation.

Éric Antoine

Nom de naissance :
Éric Antoine

Lieu et année de naissance :
né à Enghien-les-Bains en 1976.

Signe particulier :
cet « humourillusionniste » mesure plus de 2 mètres.

Éric Antoine devient la nouvelle vedette française du monde de la magie en associant magie et humour.

Omniprésent dans les médias, Éric multiplie les spectacles et les apparitions télévisées.

Son épouse australienne Calista Sinclair l'assiste dans ses spectacles en jouant un personnage habillé en noir, persuadé d'être invisible.

Luc Langevin

Nom de naissance :
Luc Langevin

Lieu et année de naissance :
né au Canada en Février 1983.

Signe particulier :
Luc possède une formation en biophotonique.

Ce magicien d'exception est influencé par sa formation de scientifique et présente des tours associant magie et science.
Cela se concrétise par une première série d'émissions : « Comme par magie ».
Il est aujourd'hui l'un des 10 artistes magiciens à présenter son show dans les théâtres de France.
Il a reçu en 2015 le trophée du Mandrake d'or, dans la catégorie « Révélation internationale ».

Dynamo

Nom de naissance :
Steven Frayne

Lieu et année de naissance :
né à Bradford (Royaume-Uni) en 1982.

Signe particulier :
il a pour devise : « Rien n'est impossible. »

Ce maître de la magie de rue a débuté la magie en réaction à une forme de la maladie de Crohn.

En 2004, il crée sa toute première série de magie de rue à Londres, et devient en quelques années une référence mondiale incontournable.

Il produit alors une nouvelle série de télévision appelée : « Magicien de l'impossible », où il réalise des petits miracles à travers le monde.

Les tours de cartes

Conseils

La cartomagie, ou l'art de présenter des tours de magie avec des cartes à jouer est probablement la catégorie magique la plus accessible aux débutants. C'est une étape incontournable pour tout magicien. Il faut savoir que la plupart des professionnels ont commencé par cette discipline avant d'être capables de présenter des numéros de scène. Certains prestidigitateurs se consacrent d'ailleurs exclusivement aux tours de cartes, devenant alors de véritables spécialistes d'une habileté extraordinaire.

Un jeu de cartes permet de réaliser une grande diversité de tours. On le glisse facilement dans une poche ou dans une valise ; il est donc possible d'effectuer des tours de cartes à tout moment et dans n'importe quel endroit. Si certains tours exigent une grande dextérité, d'autres sont plus automatiques tout en présentant des effets incroyables, dignes des plus grands magiciens. Il existe naturellement des jeux de cartes truqués, comme le célèbre jeu de cartes biseautées, mais la plupart des illusionnistes utilisent des cartes normales. Ils peuvent donc se produire en toutes circonstances, avec n'importe quel jeu de cartes.

Avant de reproduire un tour en public, il est important de bien étudier la technique de manière à pouvoir ensuite se consacrer pleinement à la présentation. Une bonne maîtrise apporte incontestablement une aisance impossible à avoir si la technique n'est pas parfaitement assimilée. Il ne faut pas non plus négliger de manipuler le jeu avec sûreté et élégance. Il est donc très important de soigner les mélanges, les forçages et autres méthodes que vous retrouverez expliqués en fin de chapitre.

Les tours de cartes classiques

Les 4 as

UN JEU DE CARTES EST DIVISÉ EN QUATRE PAQUETS PAR UN SPECTATEUR. LES 4 PREMIÈRES CARTES SONT RETOURNÉES... CE SONT LES 4 AS.

SECRET
Il faut placer les 4 as sur le dessus du jeu.

1. Préparez d'abord votre jeu en plaçant les 4 as sur le dessus.

2. Donnez-le à un spectateur et demandez-lui de faire deux paquets en distribuant les cartes une à une. (C'est-à-dire, la deuxième carte à côté de la première, ensuite la troisième sur la première carte, la quatrième sur la deuxième et ainsi de suite). Le spectateur obtient de cette manière deux paquets dans lesquels les 4 as se retrouvent en dessous de chaque paquet.

3. Demandez à nouveau à votre spectateur de diviser en deux et de la même manière chacu des paquets obtenus. Il aura donc quatre paquet

4. Demandez maintenant à votre spectateur de retourner les 4 premières cartes... Il découvrir alors les 4 as !

Le paquet de 7

LE MAGICIEN DEMANDE À UN SPECTATEUR DE CHOISIR PARMI DEUX PAQUETS DE CARTES ET PROUVE ENSUITE QU'IL AVAIT PRÉVU D'AVANCE LE CHOIX DE CELUI-CI.

Accessoires
Une enveloppe
Un papier portant l'inscription « Le paquet de 7 »

SECRET

Il faut préparer une enveloppe de prédiction avec un papier où il est inscrit : « Le paquet de 7 ».

1. Préparez d'abord votre enveloppe de prédiction en glissant à l'intérieur de celle-ci un papier sur lequel vous avez écrit : « Le paquet de 7 ».

2. Formez ensuite deux paquets de cartes : l'un avec les quatre 7 répartis dans le paquet et l'autre avec 7 cartes quelconques.

3. Vous pouvez maintenant demander à votre spectateur de choisir n'importe lequel des deux paquets.
Retournez le paquet qu'il vous désigne.
Sortez votre prédiction de l'enveloppe.
Dans les deux cas, la prédiction est juste : soit c'est un paquet avec les quatre 7, soit un paquet de 7 cartes.

Les inséparables

QUATRE ROIS SONT PLACÉS DANS LE JEU À DES ENDROITS DIFFÉRENTS...
UN GESTE MAGIQUE ET LES VOILÀ À NOUVEAU RÉUNIS !

SECRET
Il faut placer 3 cartes quelconques sous le premier roi.

1. Avant de présenter les rois au public, cachez 3 cartes quelconques sous le premier roi et mettez les trois autres rois par-dessus.

2. Présentez à vos spectateurs les 4 rois en main gauche comme sur le dessin, sans qu'ils puissent apercevoir les 3 cartes cachées.

3. Posez ensuite les 4 rois sur le jeu : en réalité, ce sont les 3 cartes quelconques qui se retrouvero sur le dessus.

4. Prenez la première carte (qui en réalité n'est pas un roi) et annoncez au public que vous placez le premier roi au hasard dans le jeu. Prenez la deuxième et la troisième carte (qui ne sont pas des rois non plus) et faites de même.

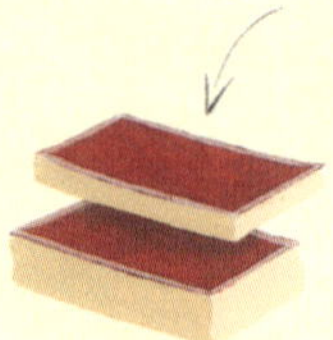

5. Prenez la quatrième carte (cette fois-ci, c'est un rc et placez-la sous le jeu. Coupez le jeu en deux, refermez la coupe et il ne vous reste plus qu'à fair constater que les 4 rois se retrouvent à nouveau ensemble !

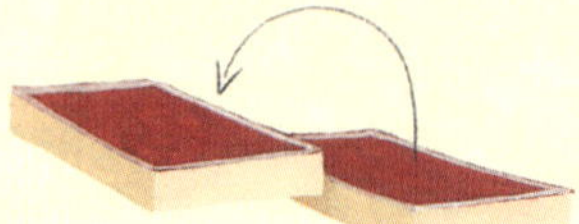

La carte retournée

UN SPECTATEUR CHOISIT LIBREMENT UNE CARTE ET LA REPLACE DANS UN JEU. UN GESTE MAGIQUE, ET LA CARTE SE RETROUVE RETOURNÉE DANS LE JEU !

SECRET

Il vous faut retourner secrètement la dernière carte du jeu avant de présenter le tour.

1. Commencez par retourner la dernière carte de votre jeu. Présentez ensuite le jeu à un spectateur en lui demandant de choisir une carte au hasard.

2. Pendant qu'il la regarde et qu'il la montre aux autres, profitez-en pour retourner discrètement l'ensemble du jeu. Le spectateur ne remarquera pas le changement car la dernière carte du jeu a été retournée.

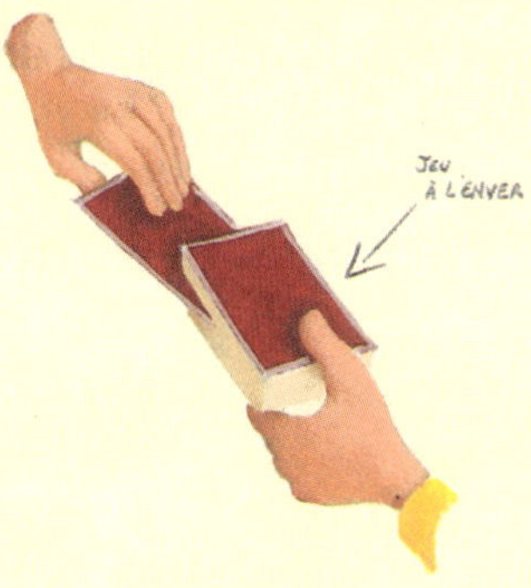

3. Il ne vous reste qu'à inviter votre spectateur à remettre sa carte dans le jeu. Elle se retrouvera ainsi à l'envers par rapport à l'ensemble du jeu.

Les rouges et les noires

UN SPECTATEUR CHOISIT UNE CARTE PUIS LA REPLACE DANS LE JEU. ELLE EST RETROUVÉE EN UN COUP D'ŒIL PAR LE MAGICIEN.

SECRET

Placez toutes les cartes rouges d'un côté et toutes les cartes noires de l'autre.

1. Placez préalablement toutes les cartes rouges d'un côté du jeu et toutes les noires de l'autre.
Demandez ensuite à votre spectateur de choisir une carte parmi les premières cartes du jeu.

2. Faites-la-lui remettre dans les dernières cartes du jeu.

3. Vous pourrez facilement deviner la carte que le spectateur avait choisie car une seule carte rouge se retrouvera au milieu des noires ou inversement.

Équilibre

UN VERRE TIENT EN ÉQUILIBRE INSTABLE SUR UNE SEULE CARTE À JOUER.

Accessoires
Un verre
Deux cartes à jouer
Un tube de colle

SECRET
Il vous faut préparer la carte à jouer... En réalité, vous en utilisez deux.

1. Pliez une carte dans le sens de la longueur. Collez la moitié de cette carte sur une autre carte comme indiqué sur le dessin.

2. Présentez la carte truquée comme une seule carte. Et, tout en approchant le verre de la carte, dépliez discrètement le petit volet secret de la seconde carte collée.

Le bon sens

UNE CARTE CHOISIE PAR UN SPECTATEUR EST REPLACÉE DANS UNE SÉRIE DE CARTES. GRÂCE À UNE MANIPULATION TRÈS SIMPLE, LE MAGICIEN RETROUVE IMMÉDIATEMENT LA BONNE CARTE.

SECRET

Les cartes que vous aurez choisies par avance doivent être toutes placées dans un même sens.

1. Récupérez dans un jeu de cartes tous les as, les 3, les 5, les 6, les 7, le 9 de pique, de cœur et de trèfle. Placez-les toutes dans le même sens grâce à leur dessin.

2. Faites choisir une carte librement à un spectateur.

3. Pendant qu'il la regarde, retournez l'ensemble de vos cartes. Demandez-lui ensuite d'y remettre la sienne.

4. Après les avoir mélangées, il ne vous reste plus qu'à étaler les cartes et retrouver la carte de votre spectateur : ce sera chose facile car c'est la seule carte qui sera placée en sens inverse des autres.

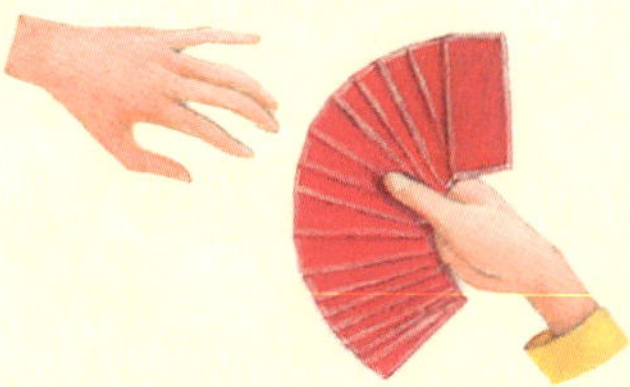

La carte repère

UN SPECTATEUR CHOISIT UNE CARTE ET LA REPLACE DANS LE JEU.
LE MAGICIEN LA RETROUVE SANS HÉSITATION.

SECRET

Pour réaliser ce tour, il vous suffit de connaître la dernière carte du jeu ! Par exemple, le 5 de cœur.

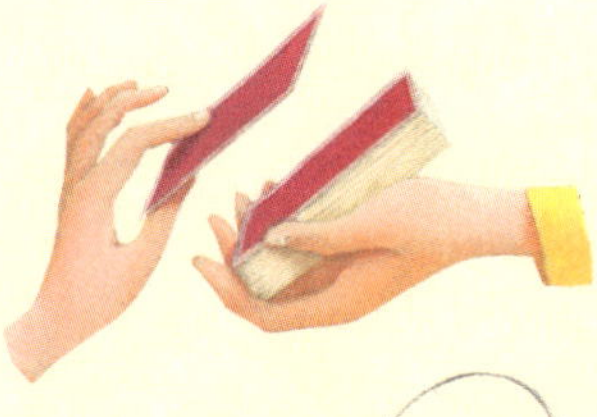

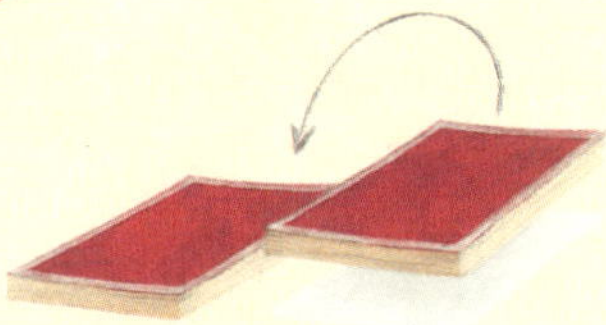

1. Mémorisez la dernière carte du jeu avant de demander à un spectateur de choisir une carte et de la retenir.

2. Il doit ensuite la replacer sur le dessus du jeu.

3. Invitez votre spectateur à couper le jeu en deux et à refermer la coupe.

4. Pour retrouver la carte, vous devrez prendre la carte à droite de votre carte repère : le 5 de cœur.

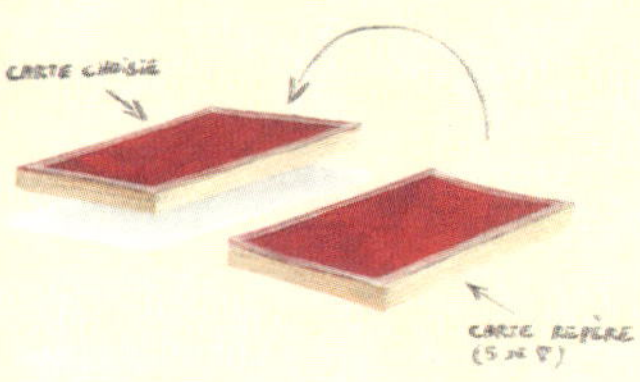

Le petit doigt

UNE CARTE CHOISIE ET REMISE DANS LE JEU SORT MYSTÉRIEUSEMENT DU PAQUET DE CARTES SOUS L'INFLUENCE DE VOTRE INDEX.

SECRET

Une petite manipulation secrète avec votre petit doigt vous permet de réaliser cet effet.

1. Commencez par faire choisir une carte. Après que votre spectateur en a pris connaissance, coupez le jeu en deux et faites-la-lui replacer sur un paquet, en reposant l'autre paquet par-dessus.

2. Conserver un « break » (voir p. 103) entre les deux paquets à l'aide de votre petit doigt. Discrètement, coupez le jeu en deux à nouveau, à l'endroit du « break » ; cela amènera la carte choisie sur le jeu.

3. Il ne vous reste plus maintenant, en faisant attention aux angles de vue, qu'à tenir le paquet en main gauche et, à l'aide de votre main droite, à placer l'index droit par-dessus le paquet et, secrètement, votre petit doigt contre la carte choisie. Soulevez le tout et le tour est joué.

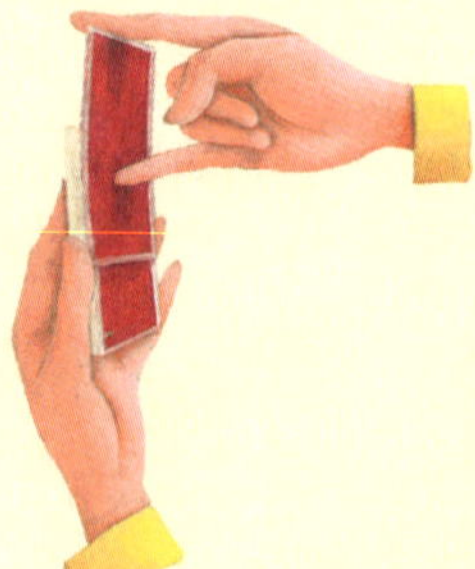

Le passage secret

VOUS ANNONCEZ AVEC CERTITUDE QUE VOUS POUVEZ PASSER À TRAVERS UNE CARTE À JOUER.

Accessoires
Une paire de ciseaux
Une carte à jouer

SECRET
Il vous faut faire pour cela un découpage judicieux.

1. Prenez une carte et fendez-la, en plein milieu, dans le sens de la longueur en vous arrêtant à 1 cm de chaque bord.

2. Ensuite, repliez-la suivant cette ouverture et découpez de fines bandes en alternant les coupes de ciseaux et en vous arrêtant à quelques millimètres de chaque côté.

3. Tirez doucement de chaque côté de la carte et vous obtiendrez une bande en accordéon que vous arriverez à ouvrir suffisamment pour la glisser autour de vous.

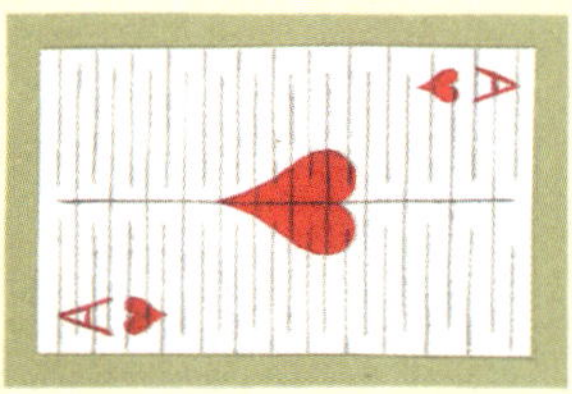

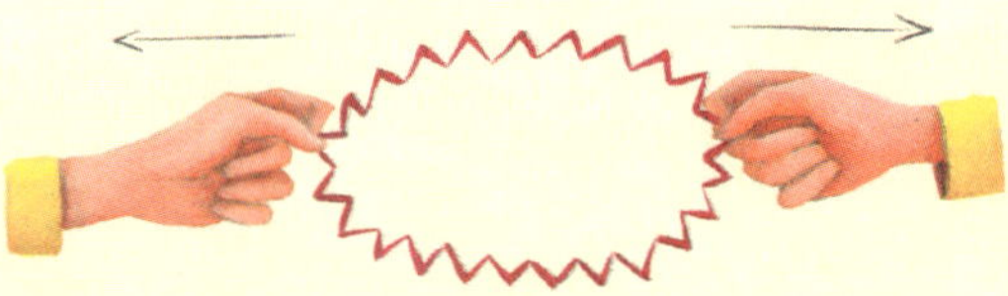

Les tours de cartes originaux

Les 6 cartes

SIX CARTES SONT POSÉES SUR UNE TABLE. LE SPECTATEUR CHOISIT UN CHIFFRE ENTRE 1 ET 6. C'EST PRÉCISÉMENT CE CHIFFRE QUI CORRESPOND À LA SEULE CARTE DIFFÉRENTE DES 5 AUTRES.

SECRET

Il faut utiliser 4 cartes à dos bleu et points noirs, une carte à dos rouge et points noirs ainsi qu'une carte à dos bleu et points rouges.

1 Disposez les cartes de gauche à droite de la manière suivante et comme indiqué sur le dessin : une carte à dos bleu et points noirs, face points noirs vers le haut ; une carte à dos bleu et points rouges, dos bleu vers le haut ; une carte à dos rouge et points noirs, face points noirs vers le haut ; une carte à dos bleu et points noirs, dos bleu vers le haut ; une carte à dos bleu et points noirs, face points noirs vers le haut ; une carte à dos bleu et points noirs, dos bleu vers le haut. Le spectateur choisit un chiffre entre 1 et 6, qui sera donc : 2, 3, 4 ou 5.

2 Maintenant vous devez compter les cartes afin d'arriver à la carte correspondant au chiffre indiqué. Il faut vous arranger pour toujours tomber sur la deuxième ou troisième carte (en partant de la gauche ou de la droite).
Pour cela, commencez à compter les cartes depuis l'extrémité gauche ou droite selon le chiffre choisi par le spectateur.

3 Si vous tombez sur la deuxième carte, quand vous la retournerez, vous pourrez faire constater par votre spectateur que c'est la seule carte qui a des points rouges…

4 Si vous tombez sur la troisième carte, vous n'aurez pas de mal à prouver à votre spectateur que c'est la seule carte à avoir un dos rouge. Et enfin, encore un petit conseil : ne laissez pas examiner les cartes après le tour !

La double téléportation

DEUX CARTES CHANGENT DE PLACE COMME PAR MAGIE !

SECRET

Pour ce tour, une petite préparation est nécessaire. Il vous faut 2 jeux de cartes identiques.

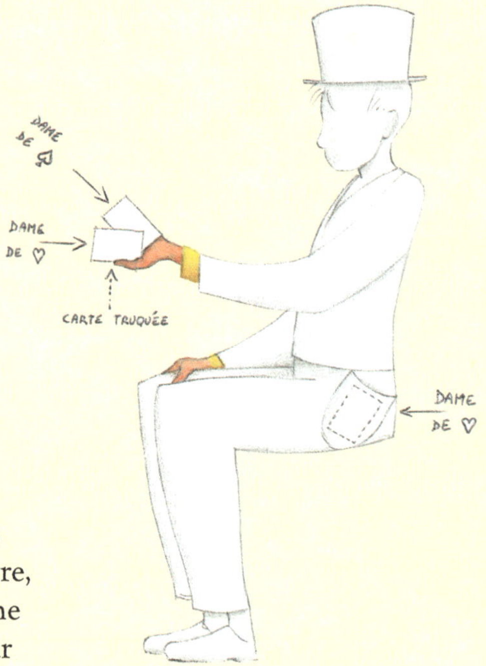

Accessoire

Une paire de ciseaux

1. Préparez votre tour en prenant 2 cartes d'un des 2 jeux. Ces 2 cartes peuvent être, par exemple, la dame de cœur et la dame de pique. Collez-les dos contre dos pour obtenir une carte truquée qui aura une face dame de cœur d'un côté et une face dame de pique de l'autre.

2. Ensuite, toujours avant de montrer votre tour, prenez la dame de cœur du deuxième jeu (qui est encore complet) et placez-la dans votre poche. Remplacez cette dame de cœur par la carte truquée à double face.

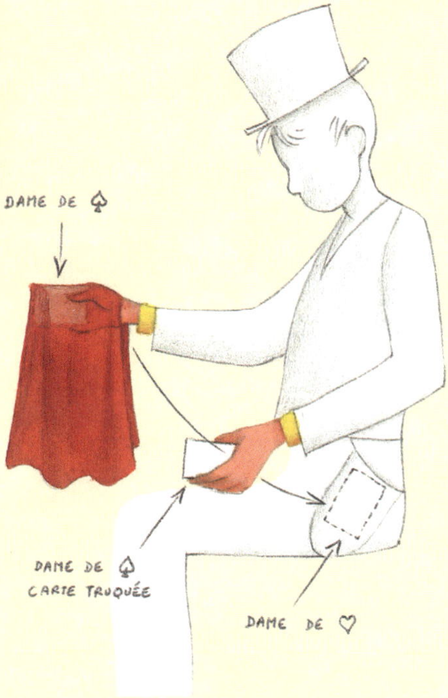

3 Devant votre public, prenez la carte truquée du jeu face dame de cœur visible des spectateurs. Prenez aussi la dame de pique normale. Placez ces 2 cartes sous un foulard.

4 Sortez ensuite la carte truquée qui se trouve sous le foulard, mais cette fois-ci face dame de pique (vous l'avez retournée secrètement) et placez-la dans votre poche près de la dame de cœur supplémentaire qui y était déjà.

5 Maintenant, après un geste magique, vous sortez la dame de cœur normale de votre poche et faites apparaître du foulard la dame de pique. Les deux cartes ont changé de place.

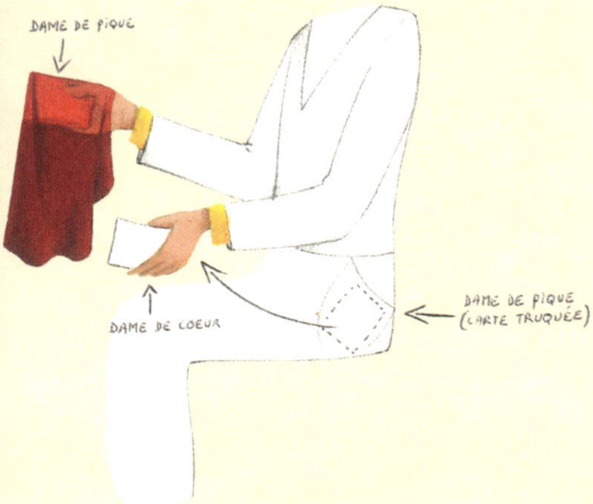

La transformation

UN 5 DE CŒUR SE TRANSFORME EN AS DE CŒUR.

SECRET
Une petite préparation secrète est nécessaire, le reste est alors facile.

1. Il faut prendre 2 cartes : l'as de cœur et le 5 de cœur. Placez le 5 de cœur sur l'as de cœur comme une seule carte et piquez ces 2 cartes faces vers le haut dans le milieu du jeu.

2. Comme une seule carte, retournez sur le dessus du jeu ces 2 cartes.

3. Glissez maintenant la première carte du jeu sur une table. Les spectateurs pensent que c'est le 5 de cœur alors que c'est en réalité l'as de cœur.

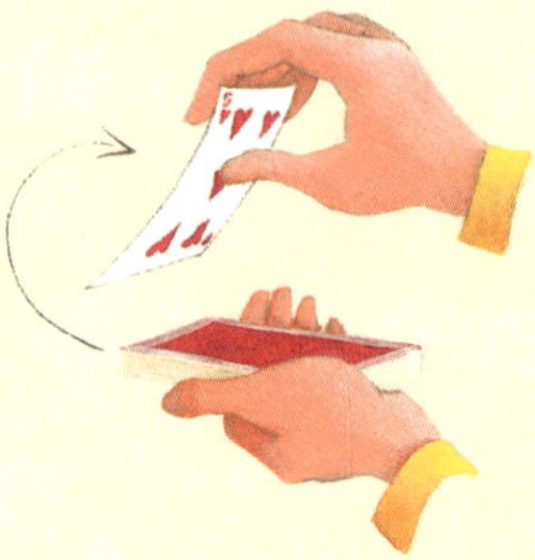

4. Faites un geste magique en disant « 5 de cœur, transforme-toi ! » Vos spectateurs n'auront plus qu'à constater la transformation !

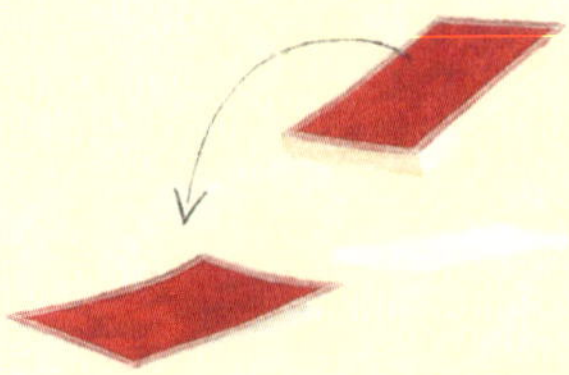

Au téléphone

UNE CARTE PRISE AU HASARD PAR UN SPECTATEUR
EST DÉSIGNÉE AU TÉLÉPHONE PAR UN DES AMIS DU MAGICIEN.

1 Invitez l'un des spectateurs à choisir une carte dans votre jeu de 32 cartes. Annoncez-lui que votre ami saura deviner la carte par téléphone !

2 Prenez connaissance de la carte choisie. Comme vous aviez déjà associé chaque carte à un prénom, vous pouvez annoncer le prénom correspondant à la carte choisie, comme si c'était celui de votre ami qui va deviner la carte.

3 Demandez maintenant à votre spectateur de téléphoner à cet ami. Bien entendu, votre ami complice aura déjà la liste des prénoms associés aux cartes près du téléphone. En fonction du prénom par lequel l'appellera votre spectateur, il pourra désigner la bonne carte.

SECRET

Vous devez présenter ce tour avec un jeu de 32 cartes. Vous devez associer un prénom différent à chacune de ces cartes. Ce tour spectaculaire mérite bien un petit effort de mémoire ! Et enfin, bien entendu, il vous faut un ami complice.

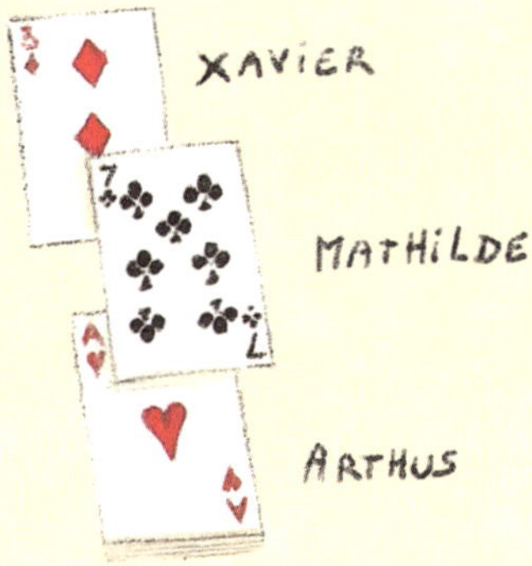

La carte fantôme

UNE CARTE CHOISIE PAR UN SPECTATEUR EST REPLACÉE DANS UN JEU QUE L'ON REMET DANS SON ÉTUI, PUIS SOUS UN FOULARD. LA CARTE TRAVERSE L'ÉTUI POUR SE RETROUVER SUR LA TABLE !

SECRET

Après avoir été contrôlée par le magicien, la carte choisie est extraite habilement de l'intérieur de l'étui.

Accessoire

Un foulard

1. Faites prendre une carte à une personne de votre public et demandez-lui de la montrer aux autres et de la retenir.

2. Dites-lui de poser cette carte sur le jeu. Coupez le jeu en trois paquets. Refermez la coupe en prenant, un à un, les trois paquets et en les posant sur votre main gauche dans l'ordre suivant : 2, 1, 3. Les mouvements exécutés sans hésitation donneront l'impression que le jeu a été mélangé alors que la carte choisie par le spectateur se retrouve sur le jeu.

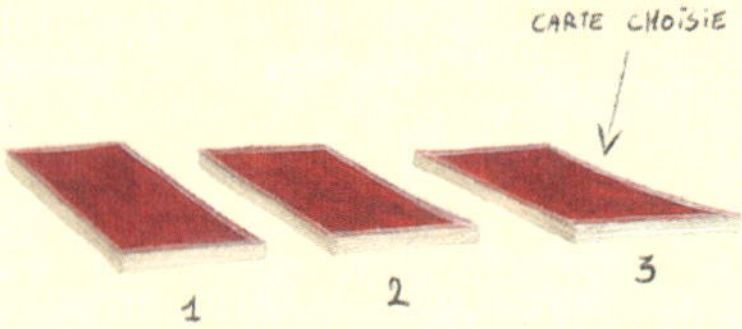

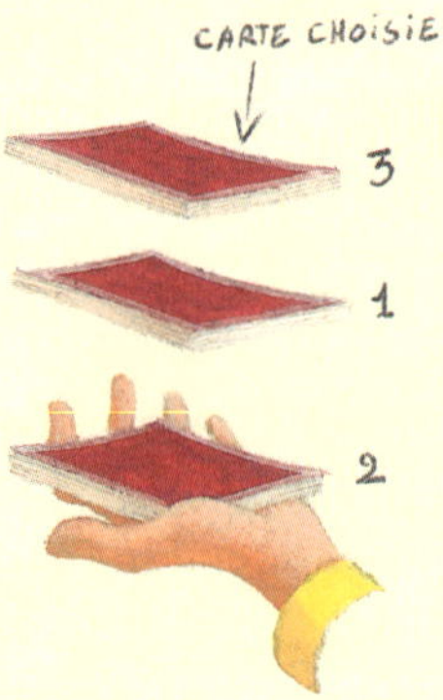

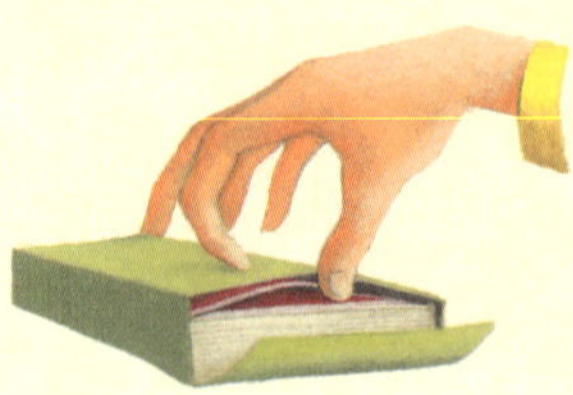

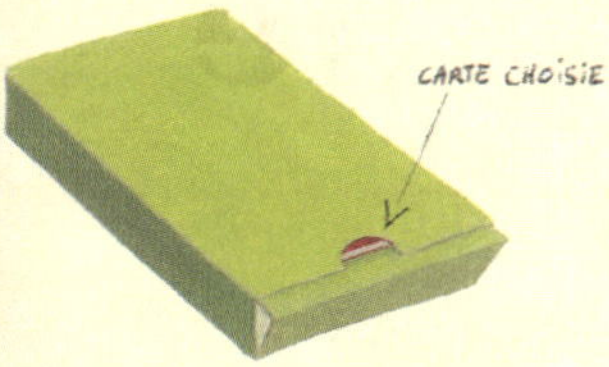

3 Placez le jeu dans son étui. Mais, en refermant l'étui, décalez la première carte du jeu (celle qui a été choisie) avec votre pouce droit pour qu'elle se retrouve isolée des autres comme montré sur le dessin. Cette opération ne doit pas être aperçue des spectateurs.

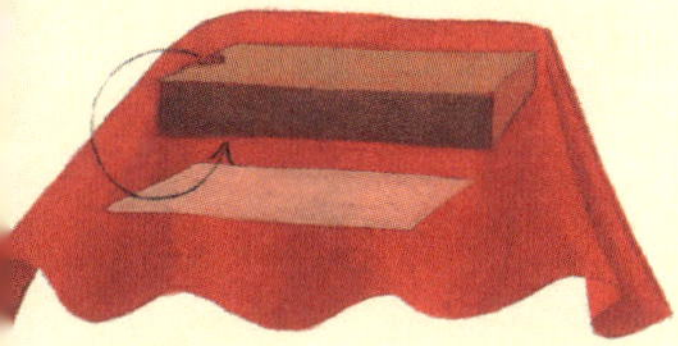

4 Posez votre pouce droit sur le petit morceau de carte visible et présentez le jeu des deux côtés au public pour montrer qu'il est bien refermé. Posez-le sur une table (carte isolée contre la table). Posez un foulard à côté, puis placez l'étui sous le foulard avec les deux mains (toujours en faisant attention à cacher le petit morceau de carte sortant de l'étui).

5 Sous le foulard, faites glisser la carte isolée en dehors de l'étui et placez-la sous l'étui. Ce mouvement est facile à faire mais il faut l'exécuter en posant l'étui sous le foulard, sans marquer de temps d'arrêt.

6 Le plus dur est fait. Jouez maintenant au maximum avec les spectateurs, en soulevant l'étui et la carte choisie au travers d'un foulard. Demandez au public de nommer la carte qu'il avait choisie.

7 Relâchez légèrement la pression des doigts qui tiennent la carte choisie sous le foulard et celle-ci tombera comme une carte fantôme venant de traverser les autres cartes et l'étui.

Tour mathématique

UNE CARTE QU'UN SPECTATEUR A CHOISIE EN PENSÉE
EST RETROUVÉE PAR LE MAGICIEN.

SECRET
Ce tour est basé sur la disposition rigoureuse des cartes.

1. Tout d'abord, il faut faire trois rangs de 5 cartes chacun, face visible, en posant les cartes une à une de la manière suivante : les 3 premières cartes de chaque rang, puis les 3 secondes et ainsi de suite jusqu'à ce que chaque rang soit complet.

2. Demandez à une personne de penser à une de ces cartes et de vous désigner dans quel rang elle se trouve.

3. Ramassez les cartes des trois rangs, une à une. Vous devez rassembler les cartes du ran où se trouve la carte pensée en deuxième.

4. Faites de nouveau trois rangs, comme au débu Demandez dans quel rang se trouve la carte pensée et ramassez encore une fois toutes les cartes en mettant toujours le rang désigné entre les deux autres.

5. Recommencez une troisième fois et lorsque l'on vous aura désigné le rang, la carte pensée sera obligatoirement au milieu du rang désign

La carte « hélico »

UNE CARTE S'ÉLÈVE ET REVIENT COMME UN VÉRITABLE BOOMERANG.

SECRET

Une manipulation très astucieuse ainsi qu'un bon entraînement permettent de réaliser ce tour.

1. Tenez une carte à jouer, sans trop la serrer, entre le pouce et l'index de votre main gauche comme montré sur le dessin.

2. Dirigez-la légèrement vers le haut et, avec votre main droite, donnez une petite pichenette avec votre majeur sur le coin inférieur droit de la carte.

3. Celle-ci s'élèvera et reviendra vers vous comme un boomerang. Entraînez-vous aussi à la rattraper avec votre main droite.

La lecture invisible

UNE CARTE CHOISIE PAR UN SPECTATEUR EST RETROUVÉE PARMI TOUTES LES AUTRES, GRÂCE À VOTRE DOIGTÉ DE MAGICIEN.

SECRET

Il s'agit ici d'une subtilité qui vous permet de voir la carte sans que votre spectateur s'en aperçoive.

1. Commencez par mélanger un jeu de cartes et demandez à l'un de vos spectateurs d'en choisir une.

2. Demandez-lui de la regarder attentivement et de la montrer aux autres. Reprenez-la en main sans la regarder.

3. Glissez ensuite votre index contre la carte pour essayer d'en deviner la valeur. Profitez de ce geste rapide pour plier légèrement la carte et voir le petit index d'un coup d'œil discret.

4. Il ne vous reste plus qu'à citer la carte et à la montrer à votre public !

As, roi, dame

LE MAGICIEN TIENT EN MAIN 4 DAMES, 4 ROIS ET 4 AS MÉLANGÉS… DEVANT LE PUBLIC, LES CARTES SONT CLASSÉES COMME PAR MAGIE.

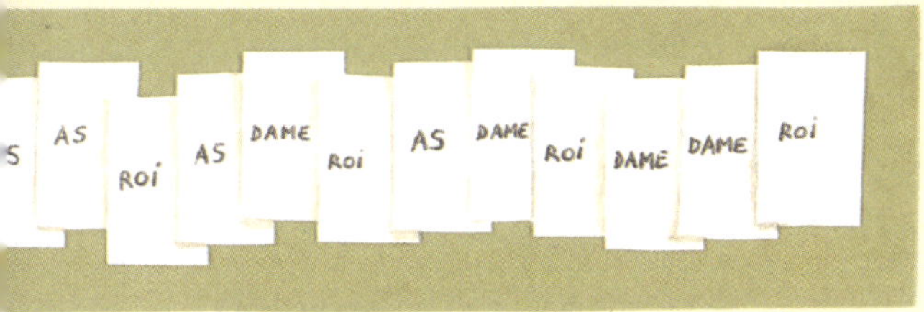

SECRET

Il est nécessaire de préparer les cartes en les disposant dans un ordre très précis.

1. Avant de montrer ce tour aux spectateurs, classez vos cartes de la manière suivante : as, as, roi, as, dame, roi, as, dame, roi, dame, dame, roi.

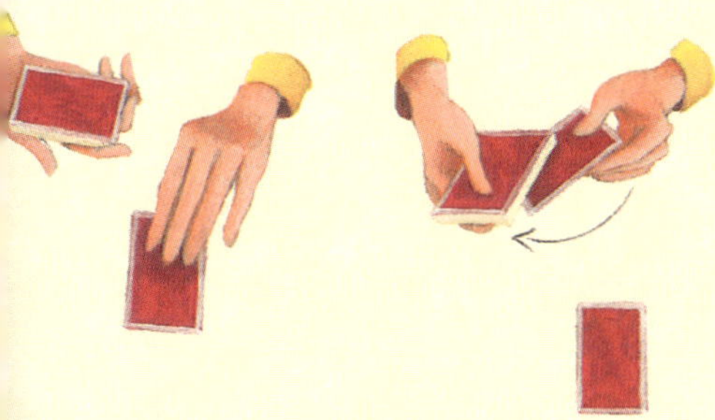

2. Maintenant, montrez les cartes ainsi « mélangées » à votre public et reprenez ensuite tout le paquet en main, face cachée.

3. Puis prenez la carte du dessus et posez-la sur la table, placez la suivante sous le paquet. Posez la troisième sur la table, la quatrième sous le paquet, etc.

4. Une fois qu'elles sont toutes sur la table, retournez-les une à une, face visible. Vous obtiendrez une dame, un roi, un as ; une dame, un roi, un as ; une dame, un roi, un as ; une dame, un roi, un as. Vos cartes sont maintenant classées !

Les ciseaux magiques

LE MAGICIEN REMET LA CARTE PRISE AU HASARD PAR UN SPECTATEUR DANS LE JEU QU'IL RECOUVRE D'UNE FEUILLE DE JOURNAL. IL PIQUE ENSUITE UNE PAIRE DE CISEAUX EN PLEIN MILIEU DU JEU... ET LES CISEAUX RETROUVENT LA BONNE CARTE !

Accessoires
Une feuille de journal
Une paire de ciseaux

SECRET
La carte choisie est contrôlée, et le jeu est ensuite placé de manière astucieuse sous la feuille de journal.

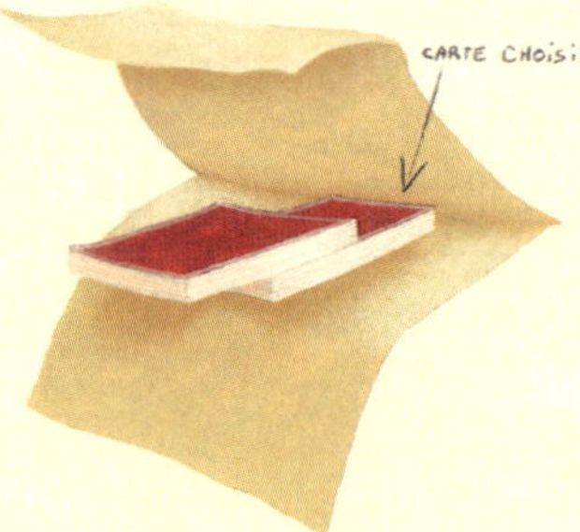

1. Après avoir fait prendre une carte à votre spectateur, faites-la poser sur le jeu, puis mélangez les cartes en faisant attention à ce que la carte choisie reste sur le dessus.

2. Placez le jeu sous une feuille de journal comme indiqué sur le dessin, coupez le jeu en deux et refermez la coupe en laissant un décalage d'1 ou 2 cm.

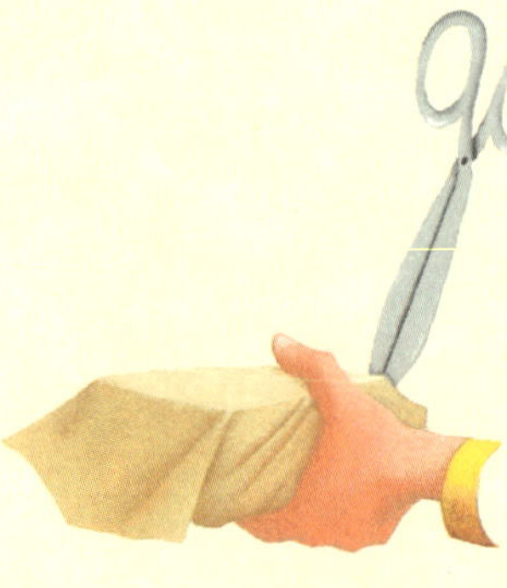

3 Il ne reste qu'à piquer la paire de ciseaux entre les deux paquets au niveau du décalage.

4 Vous devez égaliser ensuite les deux paquets avant de retirer le papier journal. Devant votre public, séparez les deux paquets et retournez la carte qui se trouve sous les ciseaux...
C'est la bonne carte !

Le pari

VOICI UN TOUR FACILE ET QUI PEUT RAPPORTER GROS...

SECRET
Faites semblant de vous tromper pour mieux piéger votre spectateur...

Accessoire
Un jeu de cartes

1. Commencez par repérer la dernière carte du jeu, imaginons que ce soit la dame de cœur. Faites choisir une carte à un spectateur en étalant les cartes dans vos mains devant lui.

2. Une fois la carte choisie, par exemple le 4 de trèfle, demandez-lui de la replacer sur le dessus du jeu.

3. 4. Maintenant, coupez le jeu en deux puis refermez la coupe, de façon à ce que votre carte repère, la dame de cœur, se retrouve juste au-dessus de la carte choisie par le spectateur.

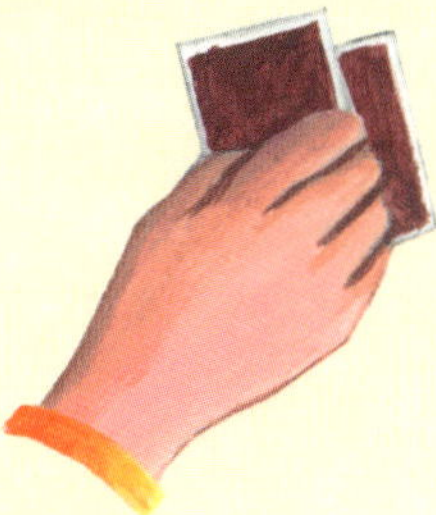

5. Retournez une à une les cartes du dessus du jeu en les posant sur une table.

6. Lorsque vous verrez passer votre carte repère, la dame de cœur, vous saurez que la carte choisie : le 4 de trèfle est la suivante... c'est automatique. Continuez à retourner une à une d'autres cartes comme si de rien n'était...

7. Au bout d'un moment, arrêtez-vous et annoncez que la prochaine carte que vous retournerez est la bonne... Le spectateur, ayant vu sa carte passer, pensera que vous vous êtes trompé... Retournez alors le 4 de trèfle, la bonne carte, sur la table...

Vous aurez non seulement réussi votre tour, mais gagné votre pari !

La bonne carte

UNE CARTE CHOISIE DANS UN JEU APPARAÎT DANS VOTRE *i*PHONE.

SECRET

Vous obligez votre spectateur à choisir la même carte que celle que vous avez photographiée.

Accessoires

Un iPhone
Un jeu de cartes

1. Commencez par faire la photo d'une carte (par exemple le 3 de trèfle) avec votre iPhone. Mettez-la en fond d'écran de veille (ou écran verrouillé).

2. Puis éteignez votre téléphone. Maintenant, placez le 3 de trèfle sous le jeu de cartes et débutez le tour en demandant à un spectateur de couper le jeu.

3. Demandez-lui ensuite de prendre la partie du dessous du jeu et de la placer sur la partie du dessus en croix.

4. Maintenant, annoncez que vous avez un téléphone magique et demandez à votre spectateur de regarder la carte de coupe, sous le premier paquet.

5. Passez votre iPhone au-dessus des cartes en faisant un geste magique.

6. Il ne vous reste qu'à allumer votre iPhone pour montrer qu'il a capté la bonne carte.

Apparition d'une carte choisie dans ton iPhone

UNE CARTE SUR L'ÉCRAN DE VOTRE *i*PHONE SE MATÉRIALISE.

Accessoires
Un iPhone
Un jeu de cartes

1. Avant tout, faites une capture d'écran de votre iPhone, puis faites une photo de l'as de trèfle. Vous avez donc dans vos photos, 2 photos qui se suivent : la capture d'écran et l'as de trèfle.

2. Commencez le tour en forçant le spectateur à choisir la carte que vous avez photographiée, en respectant le procédé du tour précédent. Le spectateur aura donc choisi l'as de trèfle. Pour la retrouver magiquement, utilisez votre téléphone en allant sur vos photos et en visualisant la capture d'écran.

3. En glissant votre pouce sur l'écran, il vous sera facile de changer la capture d'écran en photo « as de trèfle ». Pour cela, tenez votre téléphone en main gauche avec votre pouce en bordure d'écran.

4. Retournez maintenant votre téléphone en glissant votre pouce sur l'écran de manière à changer la photo en as de trèfle. Il ne vous reste qu'à faire un geste magique au-dessus de votre téléphone, le retourner pour montrer que la carte choisie est apparue à l'intérieur !

Disparition

UNE PIÈCE DISPARAÎT SOUS UNE CARTE.

SECRET

Il faut, avant le tour, placer secrètement un aimant puissant à l'intérieur du jeu de cartes. Lorsque vous déplacerez le jeu de cartes en le glissant doucement sur la table, la pièce sous la carte sera attirée par l'aimant, et disparaîtra!

Accessoires

Une pièce de monnaie de 0,2
Un jeu de cartes dans sa boît
Un aimant puissant

1. Commencez le tour en plaçant la pièce sur une table.

2. Placez maintenant une carte sur la pièce dans un alignement horizontal.

3. Placez ensuite par-dessus, la boîte de cartes, en la plaçant perpendiculaire à la carte (c'est-à-dire verticalement).

4. Posez le bout des doigts de votre main gauche sur le bord de la carte sous le jeu. Attrapez avec la main droite le jeu de cartes que vous faites glisser vers la droite en exécutant une passe magique circulaire au-dessus de la carte.
Posez le jeu de cartes sur vos genoux, puis faites une passe magique avec votre main droite au-dessus de la carte.
Soulevez la carte... la pièce a disparu !

Les techniques

Le mélange de base

CE MÉLANGE VOUS PERMETTRA DE VOUS FAMILIARISER AVEC UN JEU DE CARTES. NE NÉGLIGEZ PAS SA BONNE EXÉCUTION.

1 Tenez le jeu en main droite par les petits côtés. Approchez votre main gauche par-dessous et, à l'aide du pouce de la main gauche, « pelez » une carte ou plusieurs en relevant la main droite et en maintenant la carte ou les cartes dans votre main gauche.

2 Répétez cette opération plusieurs fois en « pelant » les cartes suivantes sur les premières.

3 Effectuez ces manipulations sans précipitation et sans lenteur excessive, jusqu'à ce que toutes les cartes se retrouvent en main gauche.

Le mélange hindou

CE MÉLANGE BIEN PRATIQUE VOUS PERMETTRA
DE CONTRÔLER LES CARTES FACILEMENT.

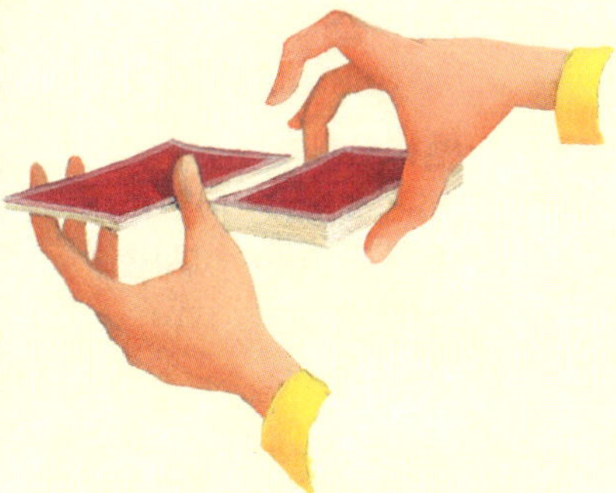

1 Tenez le paquet dans votre main droite par le dessus et par le grand côté. La main gauche est placée dessous et le pouce et le majeur gauche attrapent plusieurs cartes du dessus du paquet.

2 Les deux mains s'écartent et le petit paquet de la main gauche est relâché dans la paume.

3 Répétez cette opération jusqu'à la fin et posez le dernier paquet de la main droite sur le jeu en main gauche.

Le mélange américain

IL S'AGIT LÀ D'UN MÉLANGE SPECTACULAIRE. POUR SA BONNE EXÉCUTION, UN PEU D'ENTRAÎNEMENT EST NÉCESSAIRE.

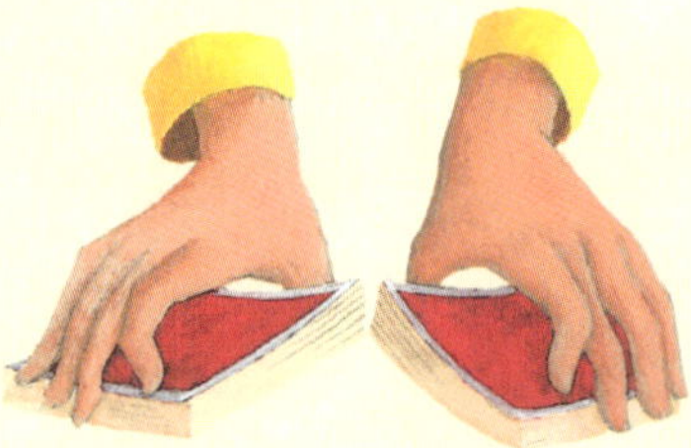

1. Coupez le jeu en deux parties à peu près égales et tenez-les par les petits côtés, le pouce d'un côté, l'index contre le dos des cartes pour faire pression, le majeur, l'annulaire et l'auriculaire de l'autre côté.

2. Approchez les deux paquets l'un de l'autre et laissez s'imbriquer les cartes en les faisant glisser une à une des pouces.

3. Une fois les cartes imbriquées, assemblez les deux parties du jeu puis égalisez l'ensemble des cartes avec l'extrémité de vos doigts.

La coupe en croix

LE FORÇAGE EST UNE DES TECHNIQUES LES PLUS PRÉCIEUSES POUR LE CARTOMANE. EN EFFET, IL S'AGIT DE S'ARRANGER POUR QUE LE SPECTATEUR CHOISISSE UNE CARTE QUE L'ON CONNAÎT DÉJÀ, CE QUI SIMPLIFIE GRANDEMENT LE TRAVAIL POUR LA RETROUVER !

1 Demandez à un spectateur de couper le jeu en deux et de compléter la coupe en posant le paquet B perpendiculairement (en croix) sur le paquet A, sur lequel se trouve la carte à forcer.

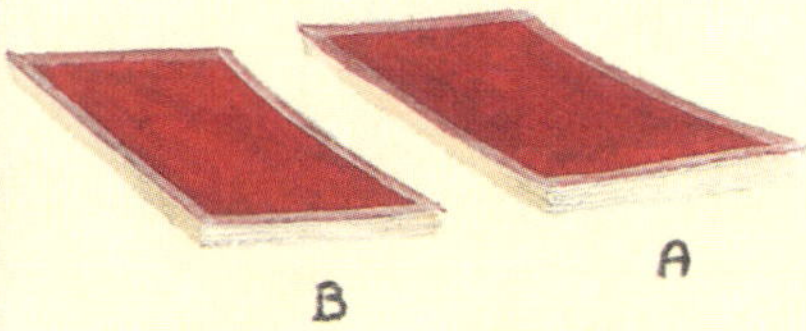

2 Il est important que vous détourniez quelques instants l'attention de votre spectateur. Puis demandez-lui de soulever le paquet B pour regarder la carte de coupe sur le paquet A. Il s'agit là en fait de la première carte du jeu avant que le spectateur ne le coupe, mais celui-ci sera convaincu que c'est une carte quelconque…

Dites-moi stop

LA CARTE À FORCER EST PLACÉE SUR LE JEU.

1 Prenez le jeu dans la main gauche et effeuillez les cartes avec la main droite, tout en demandant à votre spectateur de vous dire stop quand il veut. Dès que le spectateur dit stop, arrêtez l'effeuillage et ouvrez le paquet en deux à l'endroit où l'on vous a dit stop, en écartant les deux parties comme un livre que l'on ouvre. Dans ce même temps, vos doigts de la main gauche (qui se trouvent contre la carte à forcer) retiennent celle-ci.

2 La main droite soulève son paquet sans la carte à forcer et la main gauche se retourne en maintenant la carte à forcer.

3 L'index gauche pointe vers l'autre paquet et il ne vous reste qu'à dire : « Vous m'avez arrêté à cet endroit, prenez donc la carte de coupe ! » Faites prendre la carte à forcer à ce moment.

Le contrôle par « break »

CETTE TECHNIQUE EST TRÈS PRÉCIEUSE POUR LE MAGICIEN, QUI PEUT PARFOIS AVOIR BESOIN DE SAVOIR OÙ SE TROUVE UNE CARTE CHOISIE.

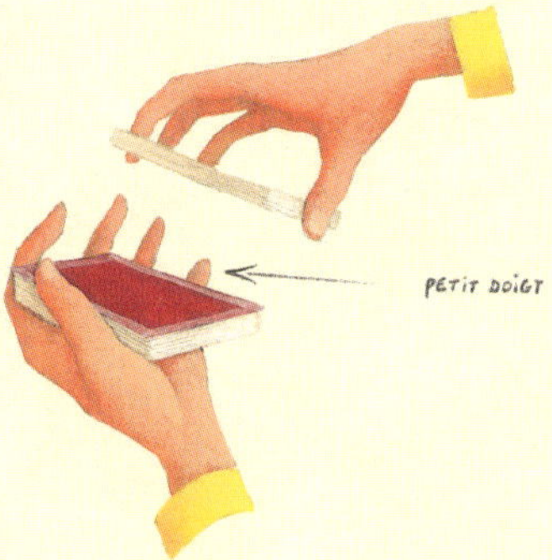

1. Demandez à un spectateur de choisir une carte. Pendant qu'il la regarde, coupez le jeu en deux.

2. Dites au spectateur de remettre sa carte sur une des parties du jeu et replacez l'autre partie par-dessus, mais dans ce mouvement, introduisez votre petit doigt sur la carte choisie. Cela a pour effet de faire un « break » secret juste au-dessus de la carte choisie.

3. Recoupez le jeu une seconde fois exactement à l'endroit du « break ». Cela amènera secrètement la carte choisie sur le dessus du jeu.

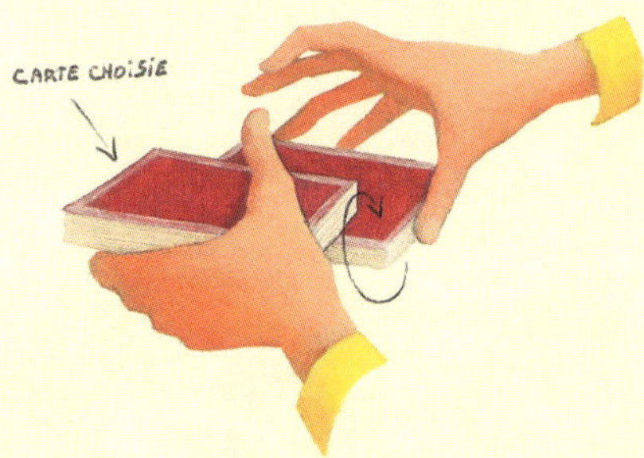

Les tours
de pièces

Conseils

Les tours de pièces ont sans doute été pratiqués au sein des civilisations antiques dès l'apparition des premières pièces de monnaie au VIIIe siècle avant J.-C.

On les trouve mentionnés dans des ouvrages à partir du XVIe siècle, mais c'est en 1868, avec le manuel de Robert-Houdin *Les Secrets de la prestidigitation et de la magie* que, pour la première fois, de nombreux tours sont recensés et expliqués de manière détaillée. « Pièces voyageuses », « Pluie d'or », « Pièce savante »... : les scénarios sont multiples.

Au début du XXe siècle, le célèbre magicien américain Chung Ling Soo réalisait le « Rêve de richesse », un tour impressionnant qui fascinait bien des spectateurs. Il remplissait un coffret d'eau qui se transformait aussitôt en une cascade de pièces d'argent et de billets de banque...

Les tours de pièces fascinent par la simplicité de leurs effets. Apparition, disparition, transformation, multiplication... tout cela se fait à quelques centimètres de votre nez et reste pourtant bien souvent incompréhensible. Leurs pratiques nécessitent beaucoup de précisions dans le geste et demandent fréquemment quelques accessoires supplémentaires.

Les tours de pièces classiques

L'apparition au bout des doigts

UNE PIÈCE APPARAÎT AU BOUT DE VOS DOIGTS.

SECRET
Auparavant, la pièce est cachée derrière votre main, entre votre index et votre petit doigt.

1. Présentez la paume de votre main en veillant à ce que la pièce ne soit pas visible.

2. Pliez les 4 doigts, le pouce attrape en même temps la pièce. Cette dernière apparaît au bout des doigt

Venue de nulle part

UNE PIÈCE APPARAÎT DANS VOTRE MAIN.

SECRET
La pièce, maintenue par la tranche, est cachée dans la fourche du pouce et de l'index.

1. Attention à présenter le bon angle de votre main au public afin qu'il ne découvre pas la pièce caché

2. Pour la faire apparaître, il suffit de replier l'index le majeur et d'attraper la pièce du bout des doigts.

Dans la boîte

UNE PIÈCE DE MONNAIE APPARAÎT DANS UNE BOÎTE D'ALLUMETTES.

Accessoire
Une boîte d'allumettes vide

SECRET
La pièce est préalablement cachée entre la boîte et le tiroir.

1. Montrez la boîte vide et refermez-la en veillant à ce que la pièce invisible tombe bien dans la boîte.
2. Faites une passe magique au-dessus de la boîte.
3. Il ne vous reste qu'à l'ouvrir pour constater l'apparition.

Le voyage

DEUX PIÈCES SONT TENUES DANS CHAQUE MAIN. L'UNE DES PIÈCES VOYAGE MYSTÉRIEUSEMENT D'UNE MAIN À L'AUTRE.

SECRET
Une petite manipulation secrète est nécessaire.

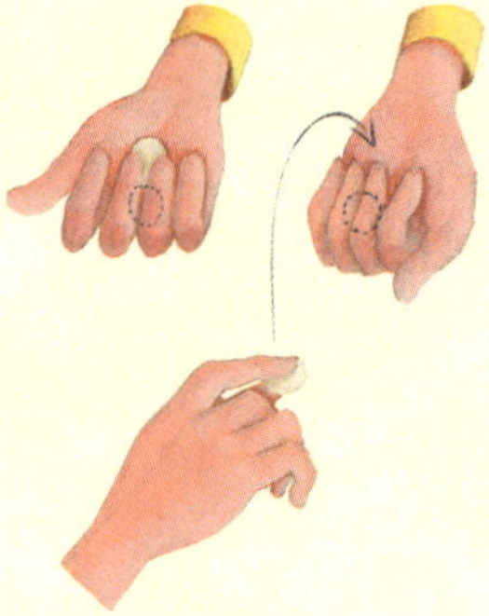

1. Posez 4 pièces identiques sur une table. Prenez-en une dans chaque main.

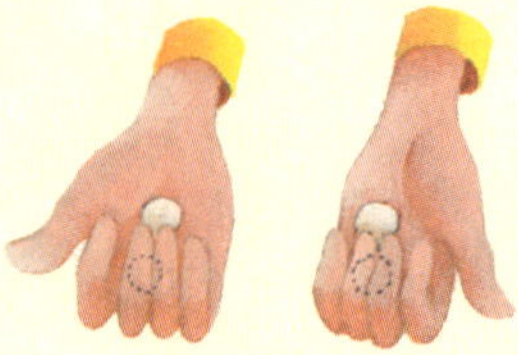

2. Demandez à un spectateur de placer les 2 pièces restantes sur la partie supérieure de la paume, comme sur le dessin.

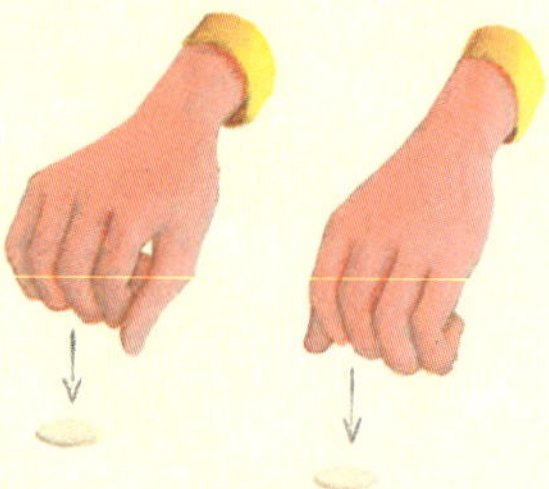

3. Retournez vos deux mains au-dessus de la table de façon que les 2 pièces retombent sur celle-ci. Demandez alors au spectateur de replacer les 2 pièces tombées sur la table comme précédemment.

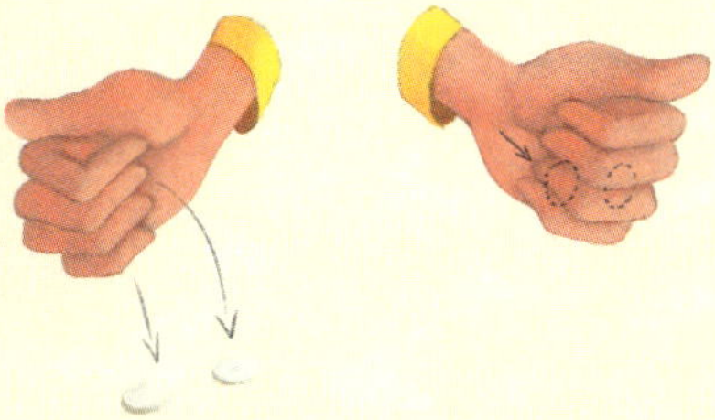

Retournez à nouveau vos mains, votre main droite laissera tomber les 2 pièces sur la table tandis que vous rassemblerez les 2 pièces de votre main gauche à l'intérieur de votre paume.

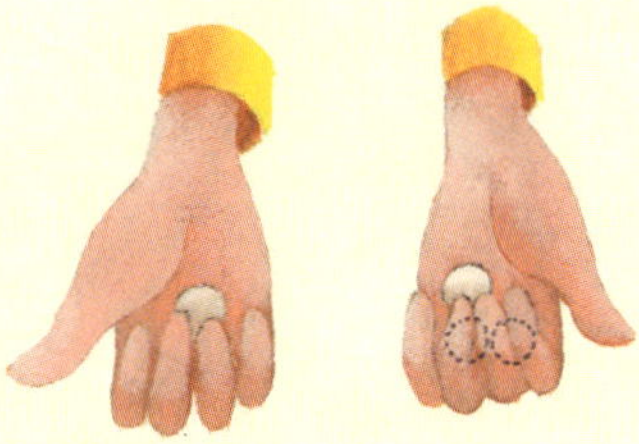

4 Une fois que le spectateur aura à nouveau replacé les deux pièces tombées sur la partie supérieure de vos paumes de mains, il ne vous restera plus qu'à glisser chaque pièce dans chaque main, faire une passe magique et ouvrir vos mains devant le spectateur ébahi !

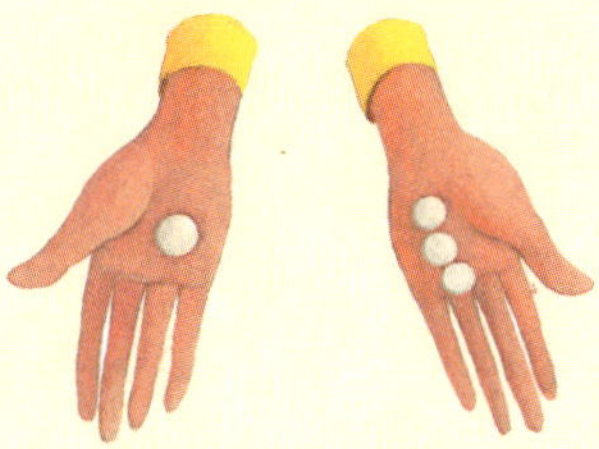

La disparition

UNE PIÈCE PLACÉE SOUS UN FOULARD DISPARAÎT.

SECRET
La pièce est en réalité cachée dans la manche.

Accessoire
Un foulard

1. Présentez à votre public une pièce de monnaie en main droite et un foulard en main gauche.

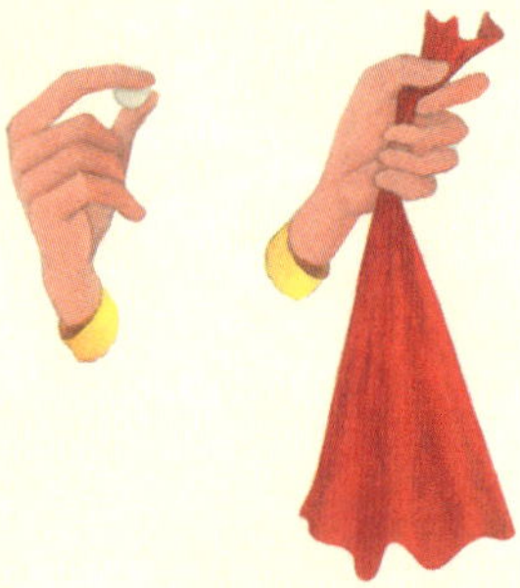

2. Placez la pièce sous le foulard dans la main gauche.
En réalité, lorsque vos mains sont sous le foulard, glissez la pièce secrètement sous votre manche.

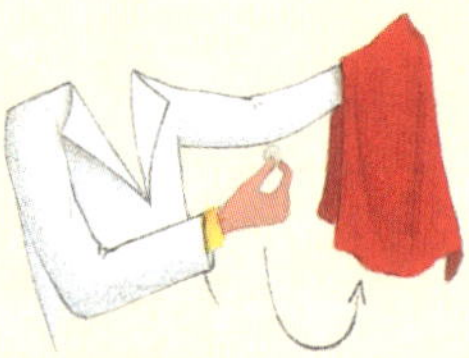

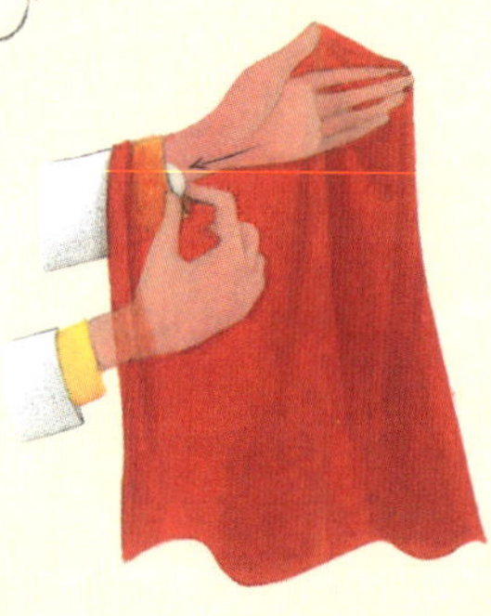

3. Un souffle magique sur le foulard et la pièce a disparu.

La disparition au pliage

UNE PIÈCE EST PLACÉE SUR UN FOULARD.
LE FOULARD EST REPLIÉ ET LA PIÈCE DISPARAÎT.

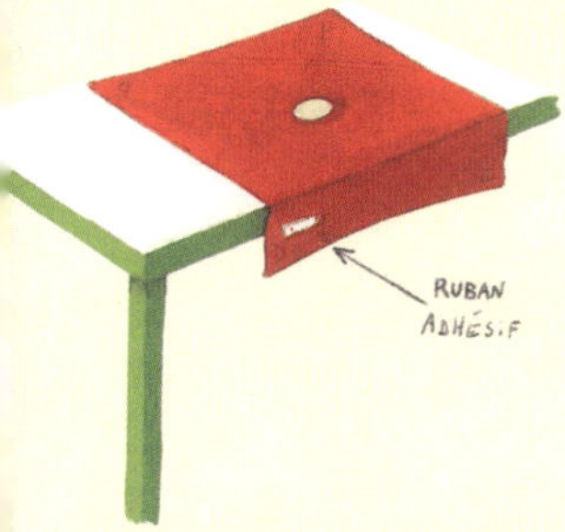

Accessoires
Un foulard
Un petit morceau de ruban adhésif

SECRET

Vous avez besoin d'un petit morceau de ruban adhésif double face.

1. Commencez le tour en plaçant le foulard devant vous sur une table.

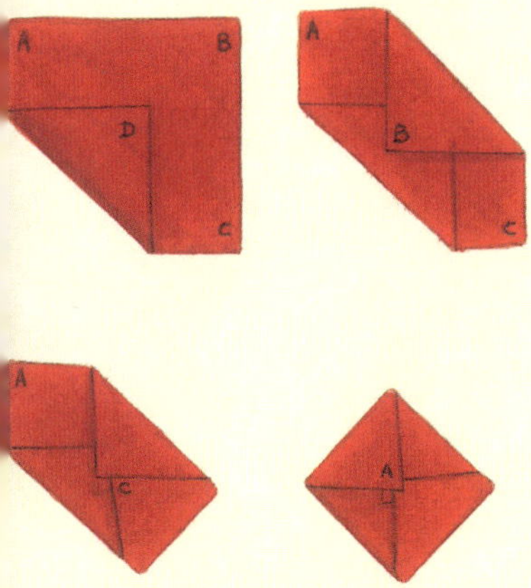

2. Posez ensuite une pièce au milieu de ce foulard. Sur l'un des coins qui pend vers vous, collez le morceau de ruban adhésif double face. Le public ne doit pas le voir.

3. Repliez tous les coins du foulard les uns après les autres. Commencez par le coin D, avec le ruban adhésif que vous appliquez directement sur la pièce, puis les coins B, C et A.

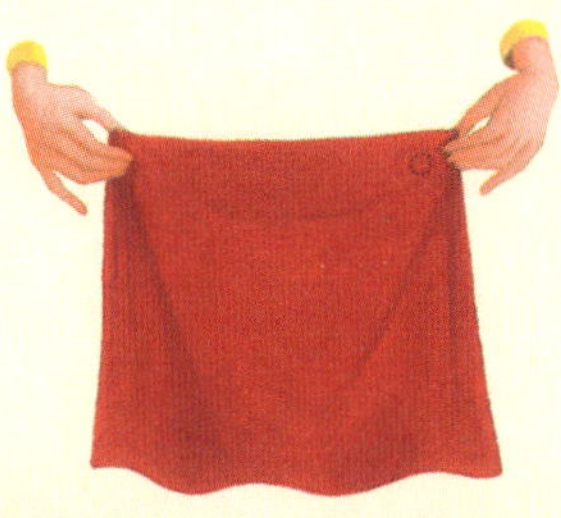

4. Attrapez ensuite le coin A et dépliez le foulard. La pièce semble avoir disparu, alors qu'elle est cachée dans le coin D du foulard, maintenue par le ruban adhésif.

La disparition au verre

UNE PIÈCE DE MONNAIE AU FOND D'UN VERRE DISPARAÎT.

SECRET
La pièce ne se trouve pas dans le verre mais dessous, dans votre paume.

Accessoires
Un verre transparent
Un foulard
Un élastique

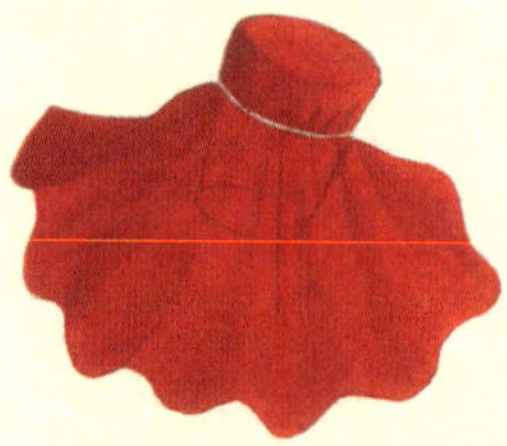

1. Placez dans la paume de votre main gauche une pièce, puis posez un verre dessus. Vue de dessus, on a l'illusion que la pièce est dans le verre.

2. Recouvrez le verre d'un foulard et entourez-le d'un élastique.

3. Mettez ensuite le verre sur une table, tout en prenant soin de garder la pièce secrètement dans votre main. Votre public pourra retirer le foulard et constater la disparition !

À travers le foulard

UNE PIÈCE DE MONNAIE TRAVERSE UN FOULARD.

Accessoire
Un foulard

SECRET
La pièce n'a pas été placée sous le foulard !

1. Présentez une pièce à votre public en la tenant entre le pouce et l'index de la main droite.

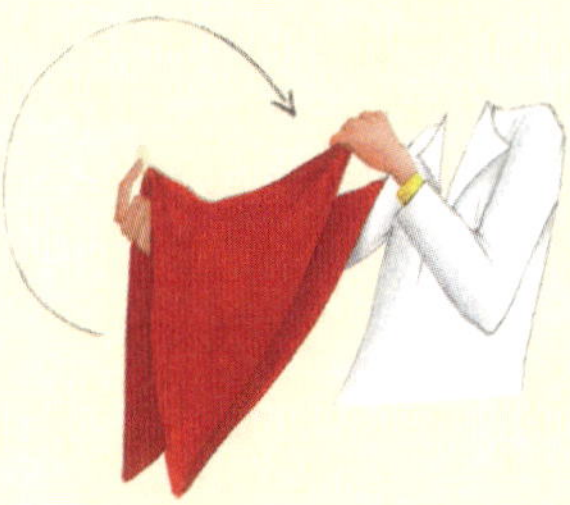

2. Recouvrez-la d'un foulard, dont vous coincez une partie entre la pièce et votre pouce.

3. Pour montrer que la pièce est bien sous le foulard, attrapez le coin avant du foulard et ramenez-le vers vous, en arrière.

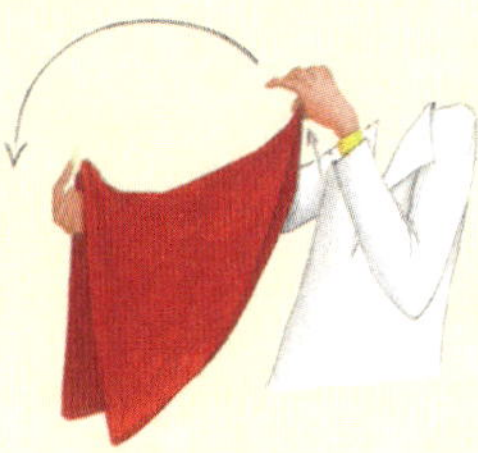

4. Ensuite, au lieu de recouvrir comme précédemment la pièce avec le foulard, ramenez les deux parties avant et arrière du foulard ensemble, comme indiqué sur le dessin… Cette opération doit rester invisible.

Prenez soin de simuler la traversée du foulard avec des gestes lents. Vos spectateurs ne remarqueront pas que le tour consiste juste à écarter le foulard de la pièce.

Le point de passage

UNE PIÈCE TRAVERSE UNE TABLE.

SECRET
Le tour réside en une manipulation audacieuse.

1. Une pièce est posée sur une table devant vous.
Attrapez cette pièce avec l'extrémité des doigts de la main droite en la faisant glisser jusqu'au bord de la table.
Vous remarquerez alors que vous pouvez la tenir entre les doigts lorsque vous arrivez en bordure de table et que, pendant cette opération, la pièce n'est presque pas visible.

2. Replacez la pièce sur la table comme au début et recommencez le même mouvement. Mais, cette fois, alors que vous donnez l'impression de prendre la pièce, laissez-la tomber discrètement sur vos genoux.

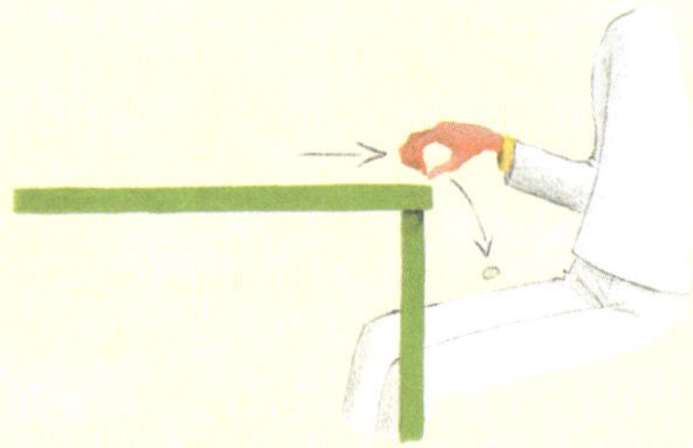

3. Faites toujours semblant de l'avoir en main et tapez au-dessus de la table avant de montrer qu'elle n'est plus là. Allez ensuite la récupérer sous la table comme si elle l'avait traversée.

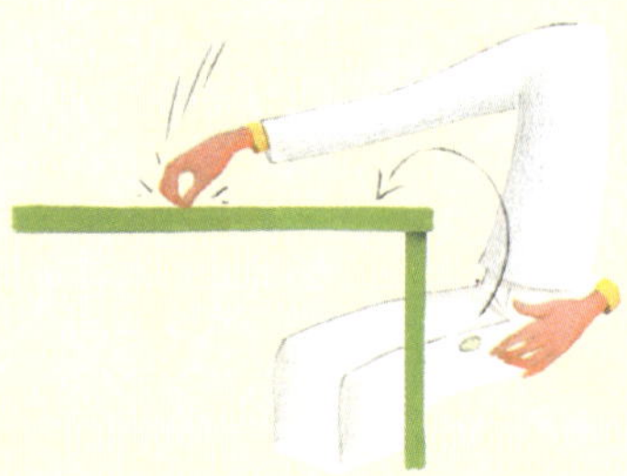

Le papier mystérieux

UNE PIÈCE EST PLACÉE AU CENTRE D'UN PAPIER.
CELUI-CI EST REPLIÉ ET LA PIÈCE DISPARAÎT.

Accessoire
Une feuille de papier

SECRET
Le pliage permet de laisser glisser secrètement la pièce dans la main.

1. Montrez à votre public un morceau de papier.

2. Placez la pièce sur la feuille et pliez la feuille sur la pièce en laissant un décalage d'un doigt.

3. Pliez ensuite les deux autres côtés comme sur le dessin et, enfin, repliez la marge vers votre public en laissant l'ouverture vers vous.
Le public aura l'impression que la pièce est bien emprisonnée alors qu'il vous suffira de soulever le papier, l'ouverture orientée vers le bas, pour que la pièce glisse invisiblement dans votre main...
Dépliez la feuille et faites constater que la pièce a disparu.

Les tours de pièces originaux

L'enrichissement

UNE PIÈCE DE MONNAIE SE TRANSFORME EN BILLET.

SECRET

Vous devez utiliser une petite boîte d'allumettes vide et réaliser une petite préparation. Découpez une petite fente sur le tiroir afin que la pièce puisse passer facilement. Refermez à moitié la boîte, tout en glissant entre le tiroir et le couvercle un billet plié.

Accessoires

Une boîte d'allumettes vide
Un billet de banque

1. Commencez le tour en montrant la boîte d'allumettes vide, puis glissez à l'intérieur la pièce de monnaie.

2. Ensuite, tout s'enchaîne... En inclinant la boîte, vous ferez disparaître la pièce. Elle glissera par la fente directement dans votre main. Fermez alors la boîte et le billet tombera à l'intérieur de la boîte une passe magique et vous pourrez présenter la transformation à votre public

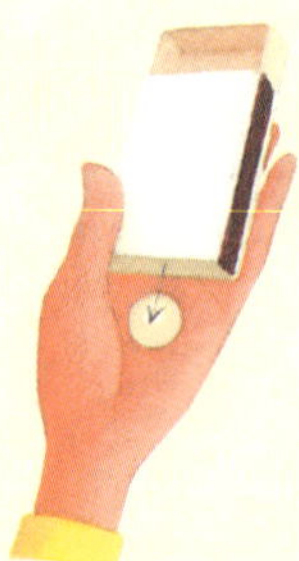

La pièce chauffante

UNE DIZAINE DE PIÈCES SE TROUVENT SUR UN PLATEAU, L'UNE D'ENTRE ELLES EST MARQUÉE. VOUS LA RETROUVEZ LES YEUX FERMÉS !

Accessoires

Une dizaine de pièces
Un foulard
Un plateau
Un crayon
Un chapeau

SECRET

Il s'agit là d'une astuce très originale à connaître. Lorsque l'on manipule une pièce, celle-ci chauffe légèrement.

1. Faites-vous bander les yeux. Présentez une dizaine de pièces sur un plateau et demandez à un spectateur de faire une marque au crayon sur l'une d'entre elles.

2. Une fois la pièce marquée et replacée sur le plateau, versez-les toutes dans un chapeau puis sortez-les une à une afin de sentir la chaleur de la bonne pièce.

À travers la main

UNE PIÈCE TRAVERSE VOTRE MAIN.

SECRET
Ce tour repose sur un détournement d'attention.

1. Présentez une pièce en main droite et montr votre main gauche vide.

2. Frotter la pièce sur le dos de votre main gauche fermée, paume tournée vers le sol. À ce moment précis, la pièce tenue en main droite n'est plus perceptible.

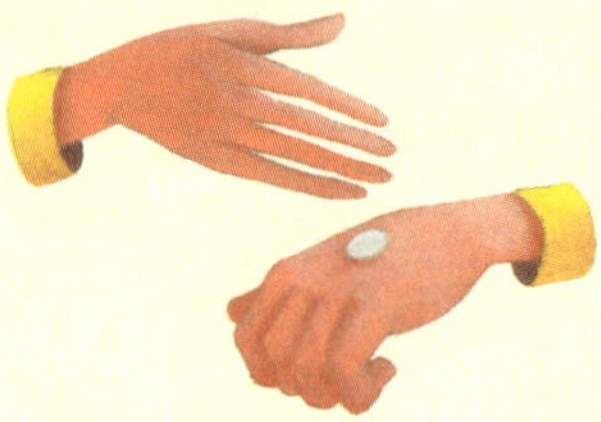

3. Retournez votre main gauche et ouvrez-la, comme pour vérifier si la pièce y est passée.

4. Ayez l'air surpris de ne pas la voir et retourne votre main gauche paume vers le sol et ferme la à nouveau. Lors de ce mouvement, laissez tomber discrètement la pièce de la main droi dans la main gauche.

5. Simulez une fois encore le frottement de la pièce sur le dos de la main gauche, puis retournez-la et ouvrez-la pour montrer au public la pièce miraculeusement apparue.

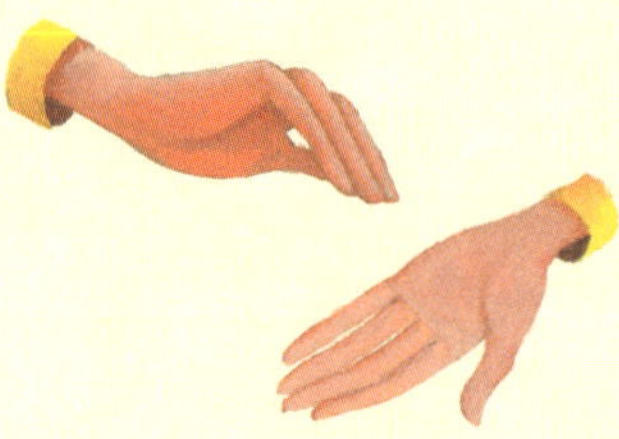

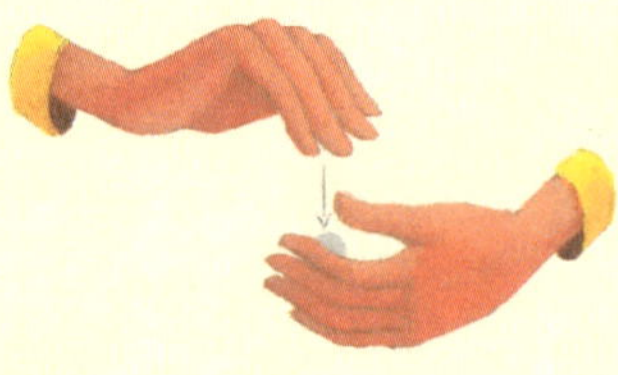

Le passage secret

UNE PIÈCE DE MONNAIE EMPRUNTÉE À UN SPECTATEUR SE RETROUVE À L'INTÉRIEUR DE 2 BOÎTES FERMÉES PAR DES ÉLASTIQUES.

Accessoires

Une grande boîte d'allumettes vide
Une petite boîte d'allumettes vide
Un petit tube d'environ 3 cm de diamètre
Un petit autocollant
Huit élastiques

SECRET

Pour ce tour très intrigant, il faut se procurer un petit tube, d'environ 3 cm, qui permet le passage d'une pièce de monnaie.

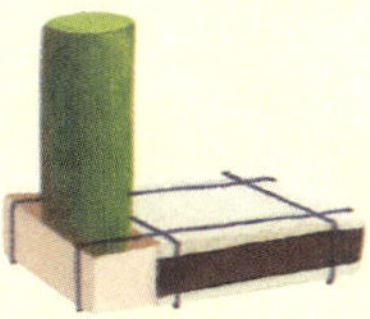

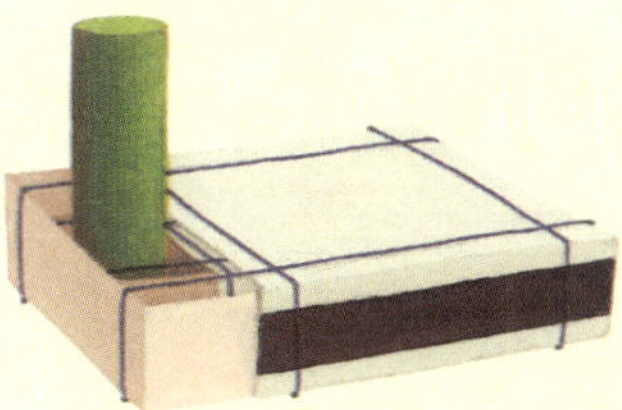

1. Préparez les 2 boîtes d'allumettes, en les entourant d'élastiques. La petite boîte doit être à l'intérieur de la grande, tandis que le tube doit traverser les boîtes entrouvertes comme indiqué sur le dessin. Celles-ci se refermeront automatiquement une fois le tube enlevé.

2. Ensuite, empruntez une pièce à un spectateur, et faites-la marquer à l'aide d'un petit autocollant.

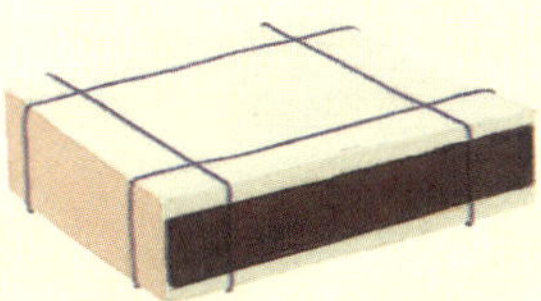

3. Faites alors semblant de la mettre dans votre poche, mais gardez-la en réalité secrètement à l'intérieur de votre main. Prenez les boîtes et glissez la pièce dans le tube hors de vue de votre public. Enlevez le tube... les boîtes se renferment sur ce mystère.

Porte-monnaie

UNE PIÈCE SURGIT D'UN CAPUCHON DE STYLO.

SECRET

L'effet résulte, là encore, d'une subtile manipulation.

Accessoire

Un stylo muni d'un capuchon

1. Tenez le stylo en main droite avec une pièce cachée à l'intérieur de votre paume.

2. Attrapez le stylo avec la main gauche et retirez aussitôt le capuchon avec la main droite qui conserve la pièce cachée.

3. Posez le stylo et secouez le capuchon au-dessus de la main gauche comme si quelque chose allait en sortir... Lâchez discrètement la pièce invisible de la main droite et rattrapez-la de la main gauche. Elle semble sortir du capuchon !

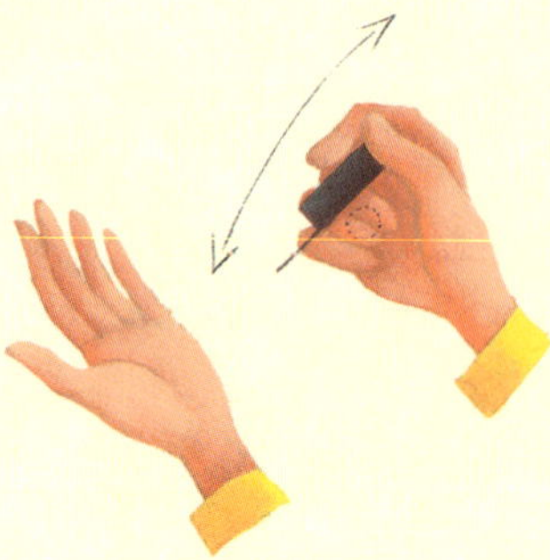

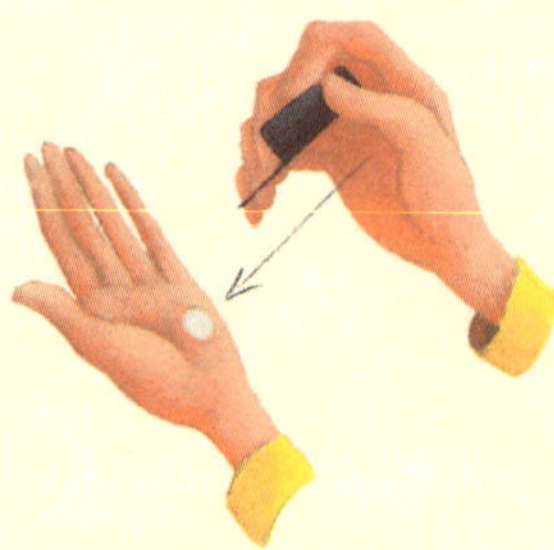

L’empalmage

CE MOT BARBARE DÉSIGNE LA TENUE SECRÈTE D’UN OBJET DANS LA PAUME DE LA MAIN. CETTE TENUE DOIT PARAÎTRE NATURELLE. AUSSI, VOUS NE DEVEZ NI TROP CONTRACTER LA MAIN NI TROP L’OUVRIR.

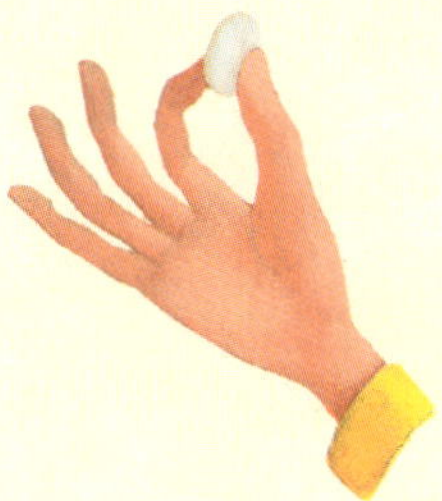

1 Pour mettre une pièce à l’empalmage, il faut d’abord la tenir entre le pouce et l’index, puis s’aider du majeur pour la maintenir tout en tournant la main, paume vers le bas.

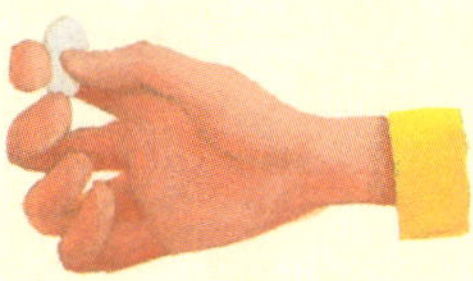

2 Le pouce relâche la pièce qui tient alors en équilibre sur l’index et le majeur. Ceux-ci la plaquent ensuite contre la paume. La fourche du pouce enserre légèremet la pièce légèrement et la maintient à l’empalmage.

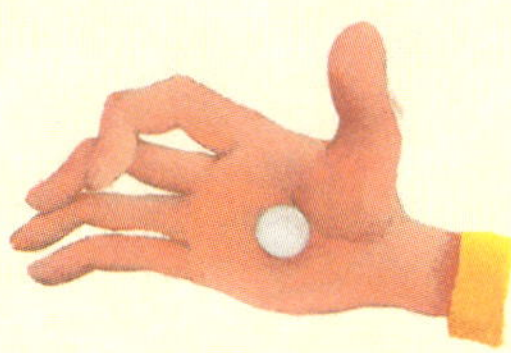

Le porte-monnaie percé

UNE PIÈCE LANCÉE À L'INTÉRIEUR D'UN PORTE-MONNAIE… LE TRAVERSE.

SECRET
La synchronisation de deux mouvements est la base de cette illusion.

Accessoire
Un porte-monnaie

1. Tenez un porte-monnaie contenant plusieurs pièces de la main gauche, tout en maintenant cachée une pièce entre votre main gauche et le porte-monnaie.

2. Tenez en main droite une pièce identique à la pièce cachée.

3. Lancez-la au-dessus du porte-monnaie, de manière qu'elle retombe à l'intérieur. Relâchez, à ce moment précis, la pièce secrète. Cela donnera l'illusion que la pièce a traversé le porte-monnaie.

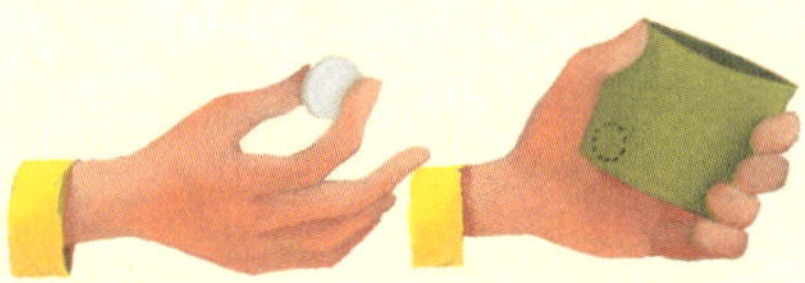

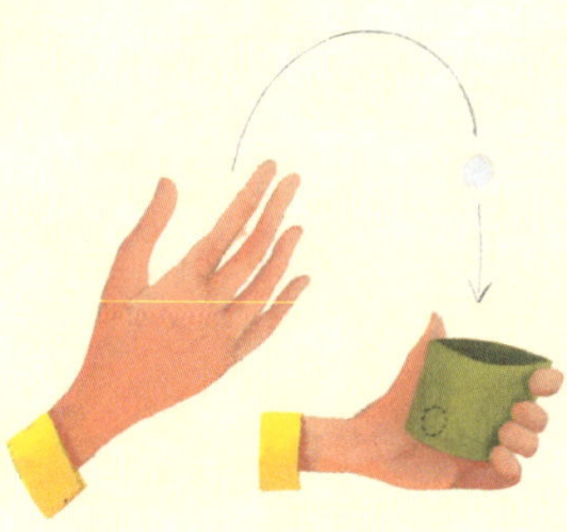

À travers le pantalon

UNE PIÈCE PLACÉE DANS LA POCHE TRAVERSE LE PANTALON.

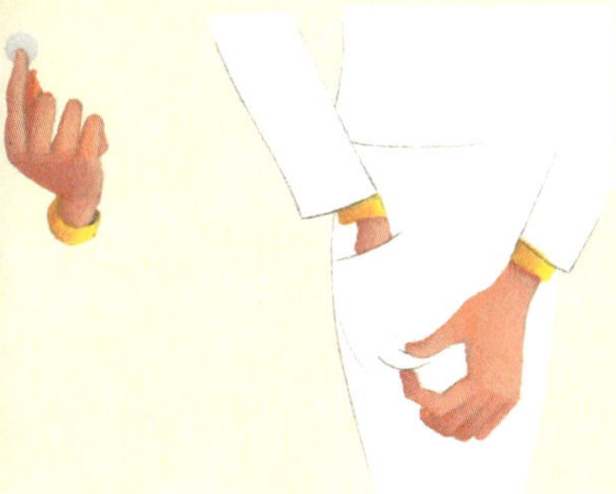

SECRET

C'est la technique de l'empalmage qui permet de réaliser cette prouesse.

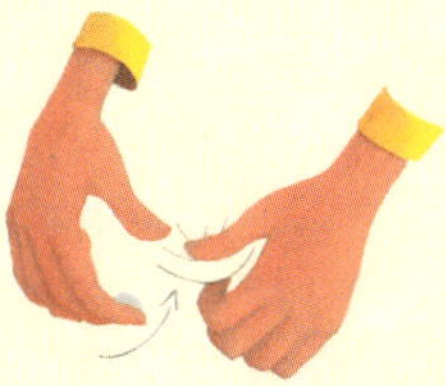

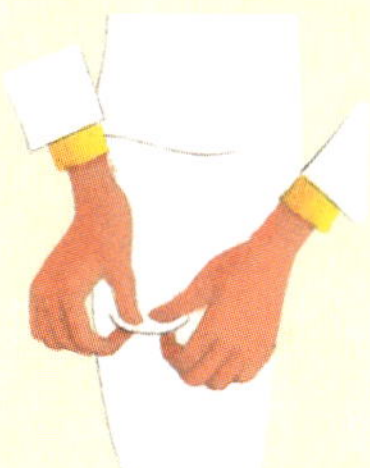

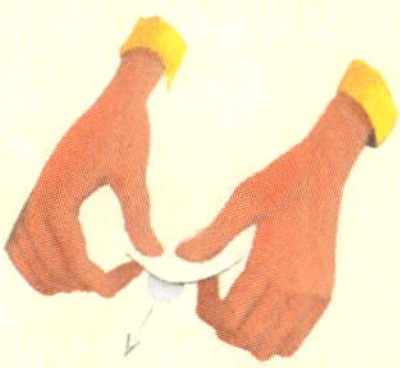

1. Présentez une pièce à vos spectateurs en main droite, puis placez-la dans votre poche de pantalon.

2. Faites semblant de la maintenir avec votre main gauche à travers le pantalon.

3. Dans la poche, placez la pièce à l'empalmage. Ressortez la main droite avec la pièce secrète. Faites un pli à l'endroit où elle est censée se trouver, tout en y glissant discrètement la pièce empalmée.

4. Écartez doucement les mains du pli du pantalon et faites apparaître la pièce qui a « traversé » le tissu.

Le tourniquet

LE TOURNIQUET EST LE NOM D'UNE TECHNIQUE PERMETTANT DE FAIRE DISPARAÎTRE TRÈS EFFICACEMENT DES OBJETS TENUS EN MAIN. POUR S'EN CONVAINCRE, IL EST IMPORTANT DE VÉRIFIER L'ILLUSION EN REGARDANT SES MOUVEMENTS DEVANT UN MIROIR.

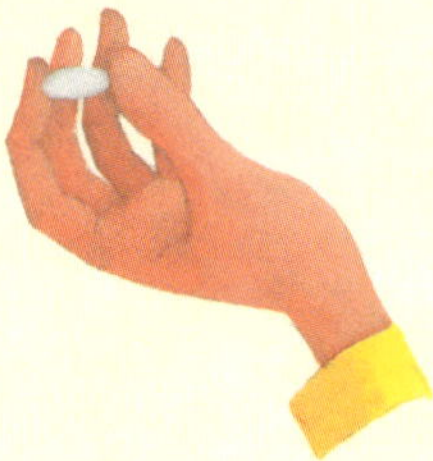

1. Prenez une pièce de monnaie et tenez-la en main gauche, par la tranche, entre le pouce et les autres doigts.

2. Feignez de prendre la pièce avec la main droite en plaçant le pouce droit derrière la pièce et les autres doigts devant.

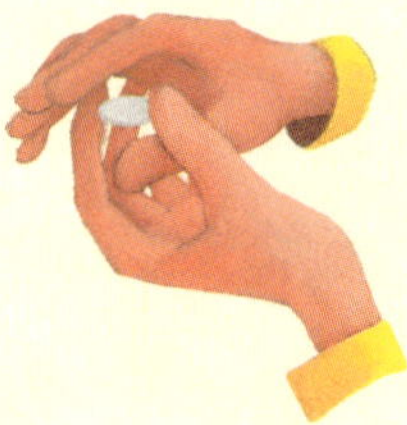

3. À ce moment précis, les doigts cachent la pièce. Soulevez légèrement le pouce gauche pour que la pièce tombe invisiblement dans la petite « cuvette » formée par la main gauche. Faites alors semblant d'emporter la pièce de la main droite.

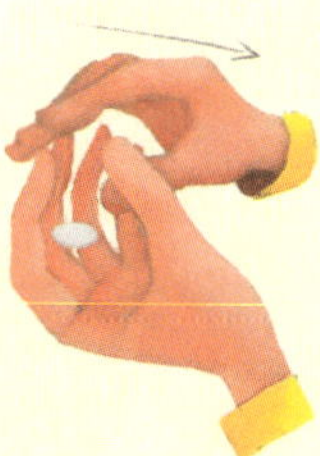

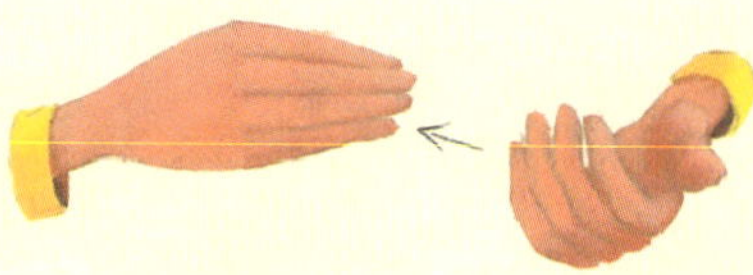

Disparition au tourniquet

UNE PIÈCE DE MONNAIE DISPARAÎT SOUS LE POUVOIR D'UNE POINTE DE STYLO.

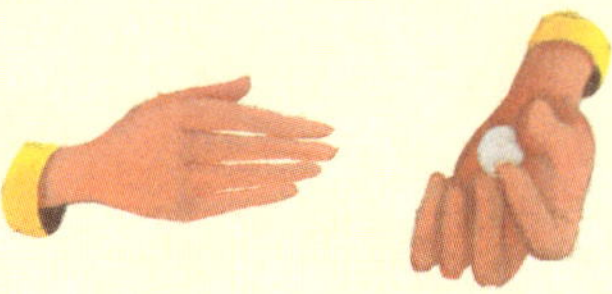

Accessoire
Un stylo

SECRET
La réalisation de ce tour dépend de la maîtrise parfaite de la technique du tourniquet.

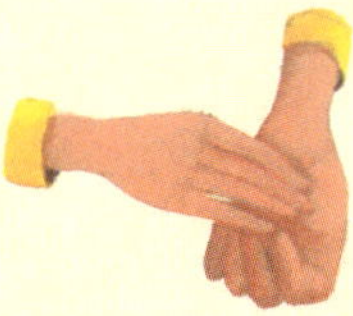

1. Montrez une pièce de la main gauche comme au départ dans la technique du tourniquet.

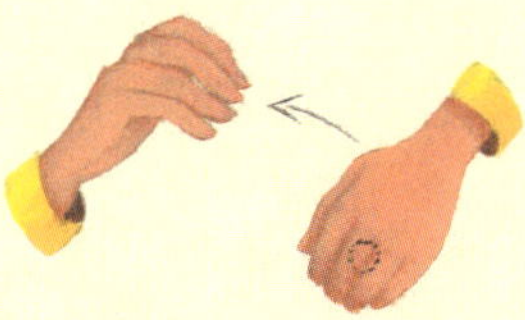

2. Prenez-la en main droite, comme si vous vouliez la montrer avec insistance, puis replacez-la dans la même position en main gauche.

3. Faites semblant de l'emporter en main droite en utilisant la technique du tourniquet.

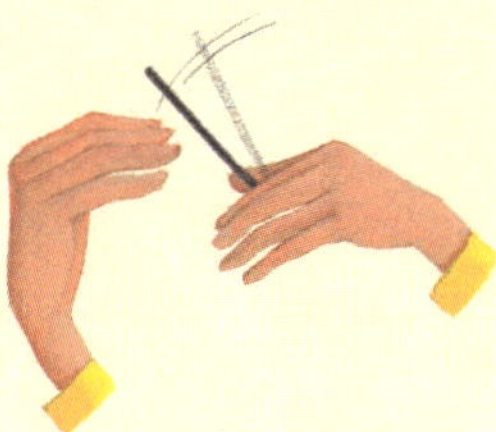

4. Avec la main gauche – dans laquelle vous tenez la pièce secrète – allez chercher un stylo dans votre poche où vous laisserez la pièce.

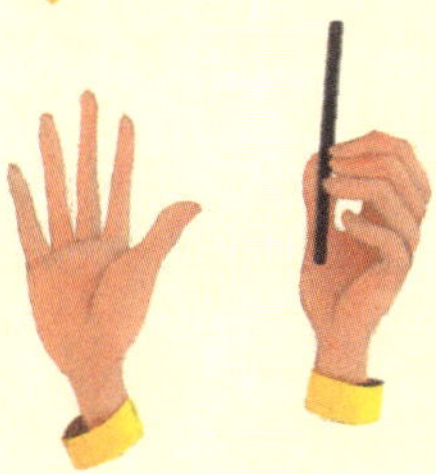

5. Rapprochez lentement la pointe du stylo de votre main droite dans laquelle est censée se trouver la pièce. Ouvrez un à un les doigts... la pièce a disparu !

Les tours
de corde

Conseils

Le tour de corde le plus célèbre est sans conteste celui où la corde lancée en l'air tient toute seule. Un enfant grimpe ensuite sur cette corde avant de disparaître dans les airs.

Même si un certain magicien nommé Karachi et son fils Khydar ont prétendu avoir réussi ce tour en 1935, il est clair que le monde de la magie doute de la réalité de cette performance réalisée en extérieur.

En revanche, d'autres magiciens – Thurston, Blackstone, Kalanag, Sorcar et Paul Daniels – ont relevé ce défi en réalisant une version scénique de ce tour de corde.

Les tours de corde ont beaucoup évolué ces dernières années. Si à la base les effets étaient assez limités (libération d'attaches, corde coupée et raccommodée), ils se sont depuis multipliés grâce à l'invention permanente de nombreux créateurs utilisant des techniques de plus en plus complexes.

Par exemple, Pavel, magicien tchécoslovaque né en avril 1945, est très vite devenu le plus jeune magicien de Prague en remportant très tôt de nombreux prix. En 1969, il s'installe à Genève où il développe par la suite une boutique d'accessoires de magie spécialisée dans les tours de cordes. *Pavel's Top Magic* est devenu une marque de tours de qualité.

Les tours de corde classiques

Le faux nœud

UN SIMPLE NŒUD DISPARAÎT SUR UNE CORDE.

SECRET
Ce nœud est bien sûr un faux nœud.

1. Munissez-vous d'une corde et faites un vrai nœud dessus sans trop le serrer.

2. Reprenez une extrémité de la corde et repassez-la dans le nœud dans le sens inverse de son passage.

3. Réduisez la boucle pour obtenir un faux nœud ressemblant le plus possible à un vrai.

4. Si vous tirez de part et d'autre du nœud, il disparaît.

La corde coupée et raccommodée

UNE CORDE COUPÉE EST RACCOMMODÉE.

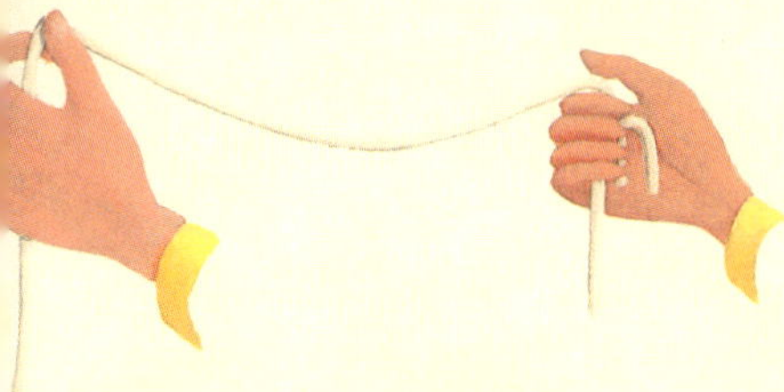

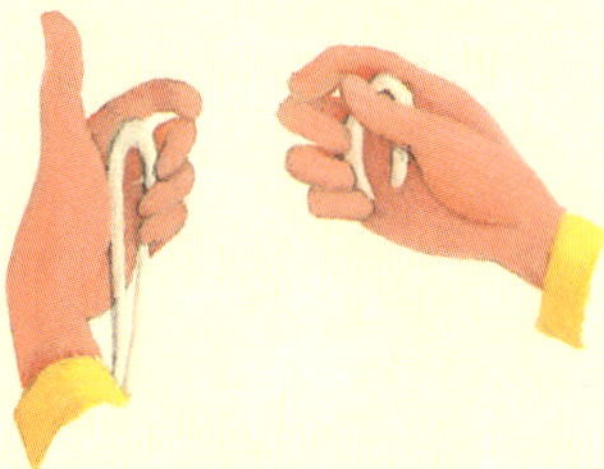

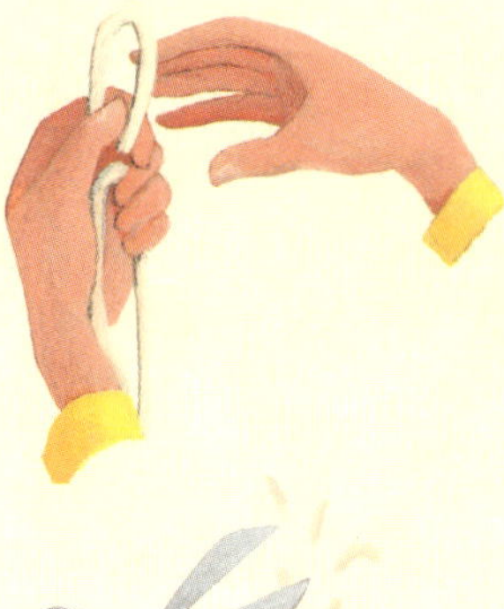

SECRET

Vous avez besoin d'une corde et d'un petit morceau de corde supplémentaire.

Accessoires

Une paire de ciseaux
Un petit morceau de corde

1. Tenez une corde en main droite tout en maintenant cachée une petite boucle de corde supplémentaire dans cette même main.

2. Après avoir testé la solidité de la grande corde, repérez son centre et pliez-la en deux dans la main gauche. Amenez aussitôt la boucle du morceau de corde supplémentaire, tenue dans la main droite, dans la main gauche et relevez-la comme s'il s'agissait du centre de la grande corde.

3. Coupez ce morceau et recoupez-le comme sur le dessin pour faire disparaître les petits bouts.

4. Un souffle magique et voilà ! La seule corde vue par les spectateurs est « raccommodée » !

La corde coupée et raccommodée (2)

LA CORDE COUPÉE EST RACCOMMODÉE.

SECRET

C'est une autre technique, sans morceau de corde supplémentaire, qui permet de pratiquer ce célèbre tour.

Accessoire

Une paire de ciseaux

1. Vous tenez la corde en main gauche. Placez votre main droite sous le centre de la corde et positionnez-la comme sur le dessin.

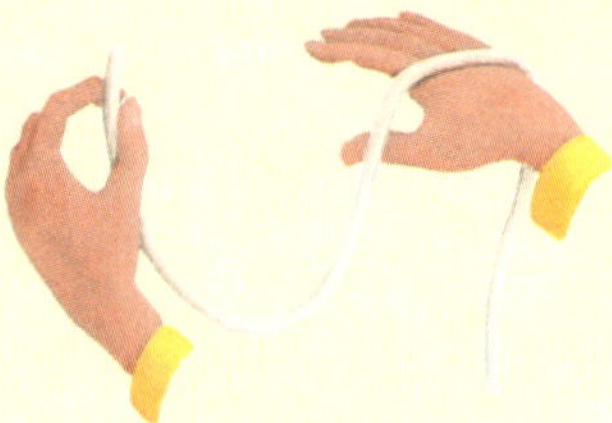

2. Attrapez ensuite avec votre main droite, et sans vous occuper du centre du cordon, la corde sous votre main gauche et relevez-la de manière à former un croisement que vous cachez aussitôt avec votre main droite.

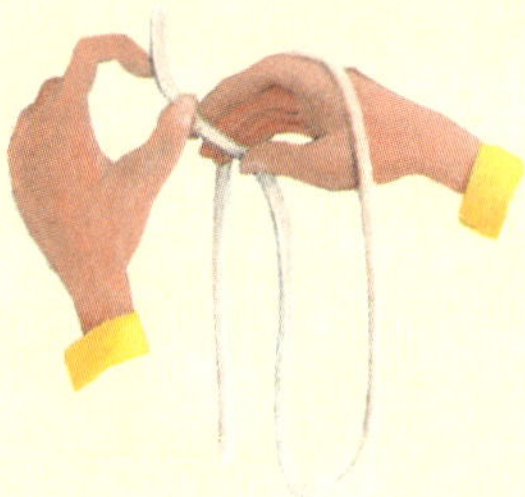

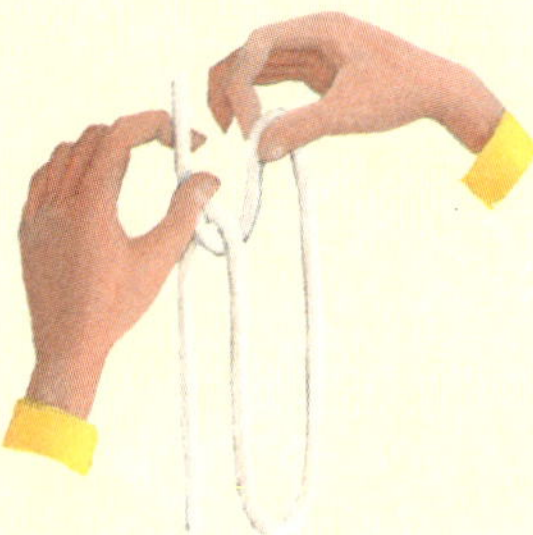

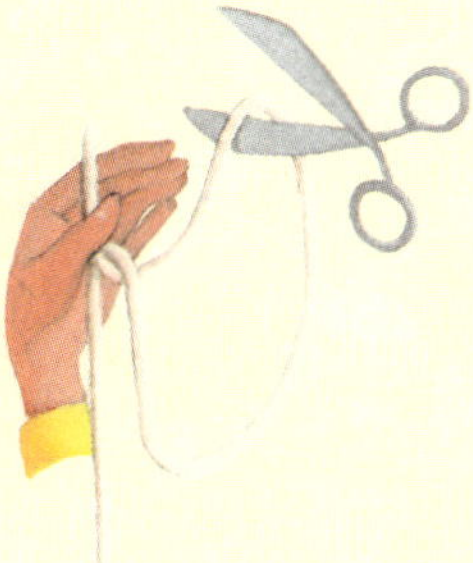

3 Prenez alors votre paire de ciseaux et coupez la boucle ainsi formée à côté de l'extrémité. La corde retombe alors en 2 parties semblant être d'égales longueurs. En réalité, il y a un petit bout et un grand.

4 Attrapez alors une des extrémités au bas de la corde et relevez-la pour l'amener contre une des extrémités du haut.

5 Soufflez dessus, tout en lâchant la corde et en maintenant les 2 extrémités. La corde semble restaurée.

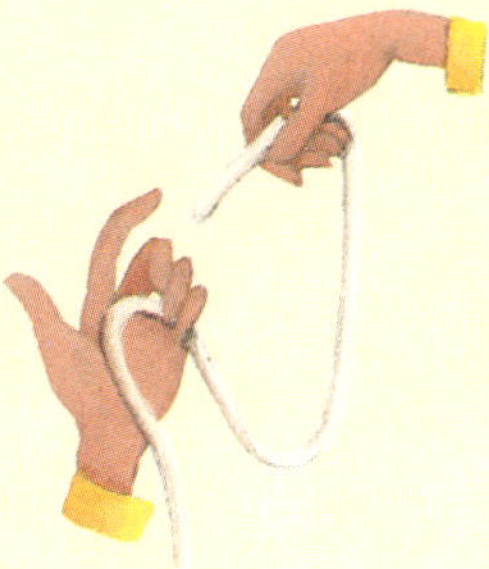

L'évasion

MALGRÉ DE SOLIDES ATTACHES,
VOUS VOUS LIBÉREZ EN UNE SECONDE.

SECRET

Les attaches sont réalisées très méthodiquement afin qu'il soit possible de se libérer facilement.

1. Demandez à un spectateur de vous attacher en suivant les indications que vous lui donnerez.

2. Placez d'abord la corde sur une table et votre poignet gauche par-dessus.

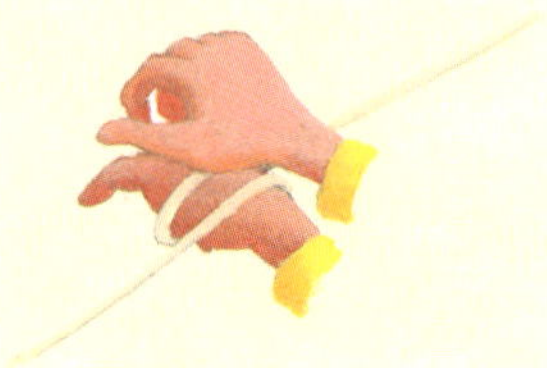

3. Demandez alors au spectateur de croiser les 2 extrémités du cordon sur votre poignet. Posez alors rapidement votre poignet droit par-dessus, tout en demandant au spectateur de croiser une nouvelle fois les extrémités du cordon et de faire des nœuds bien solides par-dessus.

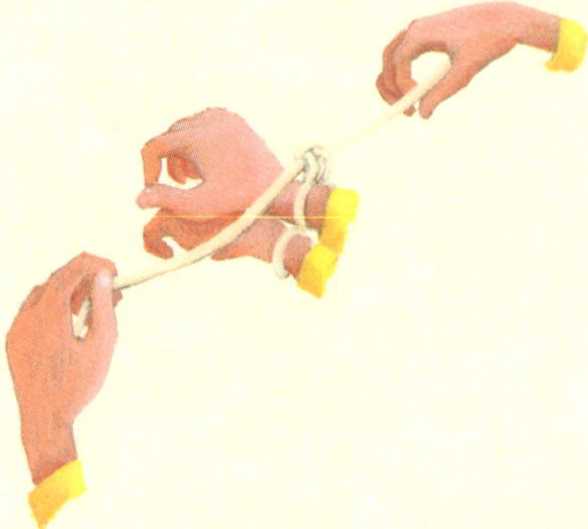

Tout ça est affaire de conditionnement car sous cette apparente attache, il vous suffira de faire pivoter vos mains pour vous libérer.

À travers le doigt

UN LACET TRAVERSE VOTRE DOIGT.

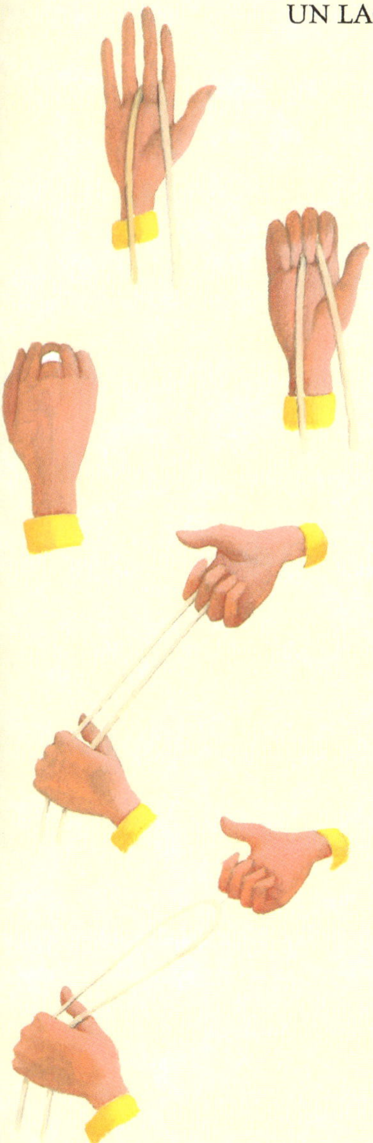

SECRET
C'est une position particulière du lacet qui donne cette illusion.

1. Levez votre main droite, placez un cordon autour de votre majeur et faites-le retomber dans votre paume.

2. Repliez tous les doigts sauf le pouce, puis relevez le cordon autour de votre majeur à la hauteur de la première phalange.

3. Retournez votre main paume vers le haut, sans que l'on puisse voir le petit bout de cordon qui passe derrière le doigt.

4. Avec la main gauche, attrapez les 2 extrémités du cordon.

5. Tirez une première fois tout doucement, puis une seconde fois très énergiquement : le cordon semblera traverser le doigt.

Les cordons du fakir

DEUX CORDONS TRAVERSENT LE CORPS DU MAGICIEN.

SECRET

Voilà un secret qui permet une multitude d'effets différents sur le même principe : une préparation des cordons.

Accessoire
Un foulard

1. Récupérez deux cordons identiques. Pliez-les en deux et nouez les deux centres à l'aide d'un petit morceau de fil blanc (si vous tirez d'un coup sec, le fil doit casser).

2. Commencez le tour en présentant les deux cordons dépliés et tirez dessus pour montrer leur solidité.

3. Retournez-vous pour prendre un foulard et profitez-en pour replacer les cordons dans la position pliée, le croisement caché dans l'un de vos mains. Nouez le foulard sur ce croisem qui doit rester invisible de votre public.

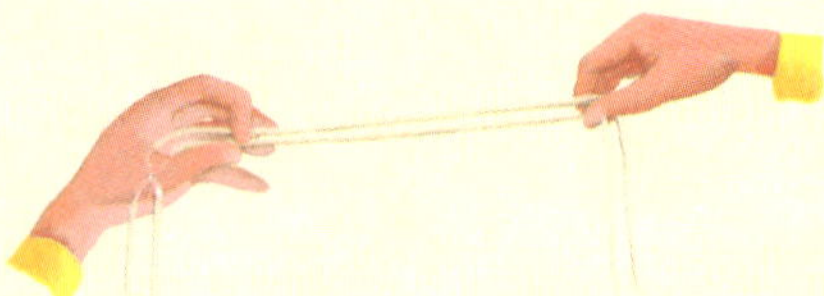

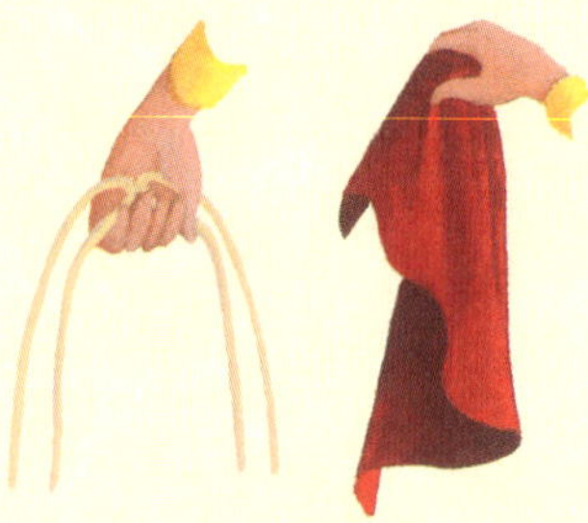

4 Demandez à 2 spectateurs de tenir les cordons derrière vous comme sur le dessin.
Prenez ensuite une extrémité du cordon à droite de votre corps, une autre à gauche et nouez-les devant vous. Redonnez-les de chaque côté à chacun des 2 spectateurs.

5 Attrapez maintenant le foulard derrière vous et demandez aux 2 spectateurs de tirer sur les cordons.
Le petit fil secret cassera et les cordons « traverseront » votre corps.
Il ne vous restera qu'à dénouer le foulard.

L’anneau libéré

UN ANNEAU SE LIBÈRE SOUS UN FOULARD.

SECRET

L’attache qui retient l’anneau n’est pas un vrai nœud.

Accessoire

Un anneau

1. Prenez la boucle formée par le milieu d’un cordon plié et passez-la à l’intérieur de l’anneau. Repassez une nouvelle fois cette boucle autour de l’anneau et tirez sur le cordon pour resserrer le nœud.

2. Montrez l’anneau attaché au cordon à vos spectateurs. Ensuite, demandez à votre public de tenir les deux extrémités du cordon. Recouvrez le cordon et l’anneau d’un foulard.

3. Sous le foulard, pour libérer l’anneau, il vous suffira de faire le mouvement inverse à celui du début avec le cordon.

Les anneaux magiques

DES ANNEAUX EN CARTON ENFILÉS SUR UN CORDON SE LIBÈRENT.

Accessoires
Cinq anneaux en carton

SECRET
Pour cet effet saisissant, il vous faut préparer 5 petits anneaux en carton que vous pouvez facilement déchirer.

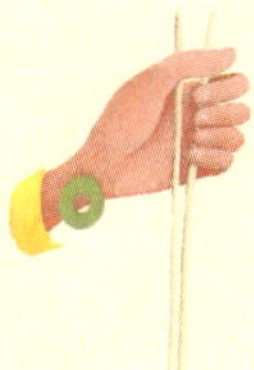

1. Munissez-vous d'un cordon et enfilez un premier anneau. Pliez ensuite le cordon en deux et enfilez à l'intérieur les deux extrémités des 3 autres anneaux. Ces 3 anneaux seront retenus par le premier anneau, comme sur le dessin. Cachez maintenant le cinquième et dernier anneau sous votre manche et commencez le tour.

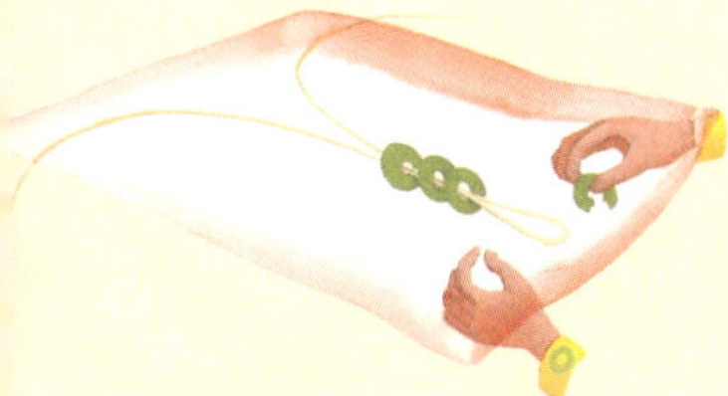

2. Demandez à un spectateur de recouvrir avec un foulard l'ensemble des anneaux enfilés sur le cordon.

3. Sous le foulard, déchirez l'anneau qui retient les 3 autres et échangez-le avec votre anneau secret sous votre manche.

4. Faites retirer le foulard et constatez que les anneaux se sont libérés.

Multiples nœuds

DES NŒUDS SE FORMENT AUTOMATIQUEMENT SUR UNE CORDE.

SECRET
Une position subtile de la corde permet cette production de nœuds.

1. Prenez une corde et tenez-la par une extrémité en main droite. Avec la main gauche, attrapez la corde un peu plus bas, paume vers le haut. Relevez-la ensuite en tournant votre paume vers le bas et attrapez la boucle ainsi formée en main droite.

2. Répétez plusieurs fois l'opération jusqu'à obtenir plusieurs boucles.

3. Puis, attrapez avec la main gauche l'extrémité du bas de la corde et amenez-la entre l'index et le majeur de la main droite comme sur le dessin.

4. Sans jamais lâcher cette extrémité, laissez retomber toute la corde de la main droite vers le bas. Les nœuds se formeront tout seuls !

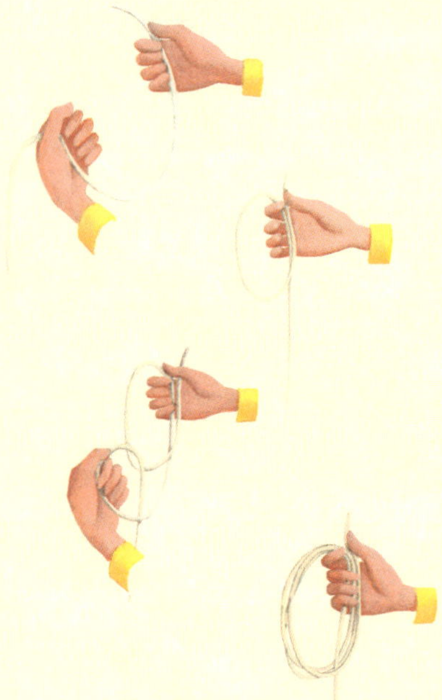

À travers le cou

PLACÉE DERRIÈRE, UNE CORDE TRAVERSE LE COU DU MAGICIEN.

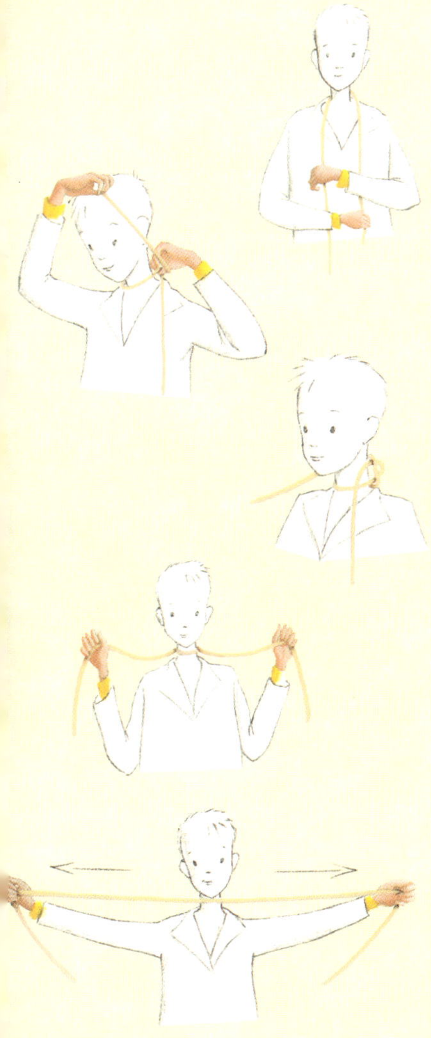

SECRET

C'est bien sûr la position du cordon qui vous permet cette illusion classique.

1. Placez un cordon autour de votre cou tout en le laissant pendre un peu plus du côté droit.

2. Votre main gauche doit attraper le cordon à droite, tandis que votre main droite l'attrape à gauche comme sur le dessin : c'est très important pour réussir le tour.

3. Amenez ensuite votre main gauche derrière votre cou par le côté gauche. Puis, sans lâcher le cordon de la main gauche, passez votre main droite autour de votre cou.

4. Le cordon doit tenir tout seul. Vérifiez avant et tirez sur le cordon pour qu'il puisse traverser votre cou. Le tour est joué… Mais vous n'avez pas droit à l'erreur !

Les tours de corde originaux

Les attaches

DEUX SPECTATEURS ATTACHÉS L'UN À L'AUTRE PAR DEUX CORDONS NE PEUVENT SE LIBÉRER MALGRÉ LEURS TENTATIVES ACROBATIQUES.

SECRET
Pour les libérer, il est nécessaire d'utiliser le passage entre les attaches et le poignet.

1. Commencez par attacher un cordon aux poignets d'un spectateur.

2. Attachez ensuite une extrémité du second cordon au poignet d'un deuxième spectateur. Passez l'autre extrémité du cordon dans la boucle formée par la corde et les bras du premier spectateur et attachez-la au second poignet du second spectateur.

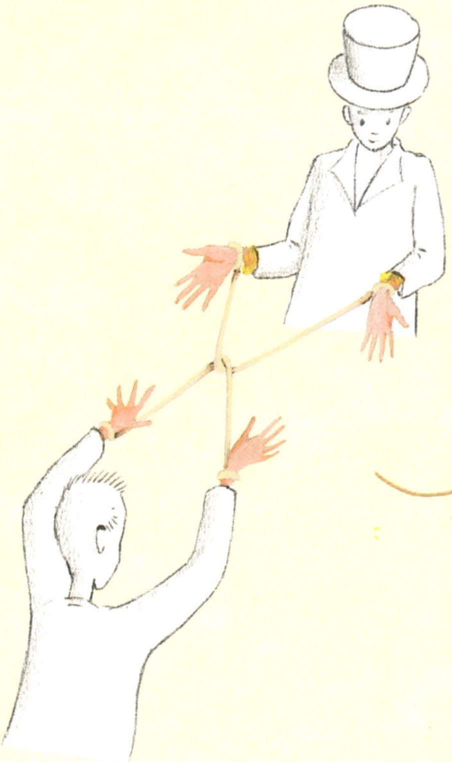

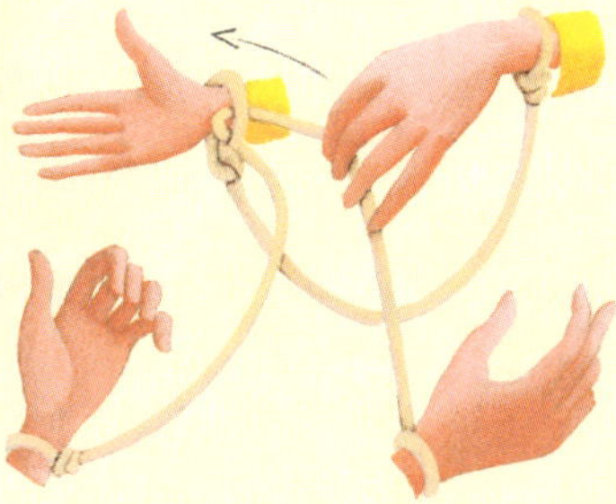

3 Les voilà prisonniers l'un de l'autre... Demandez-leur de se libérer sans défaire les attaches. Laissez-les essayer pendant un certain temps. Annoncez-leur que vous allez les aider.

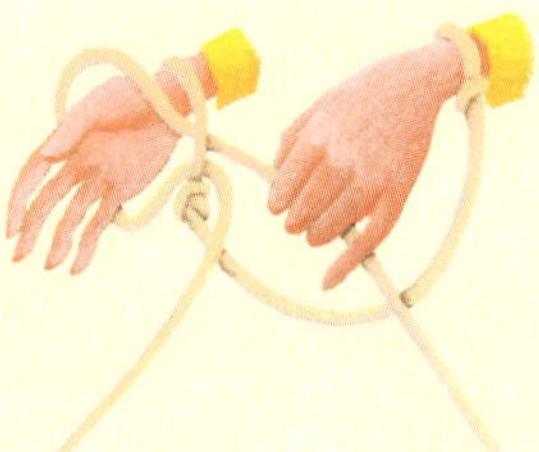

4 Pour cela, pas besoin d'acrobatie ! Formez une boucle au centre du cordon du premier spectateur et passez-la sous le poignet du second spectateur. Attention, il faut la passer de l'intérieur de son corps vers l'extérieur, comme sur le dessin.

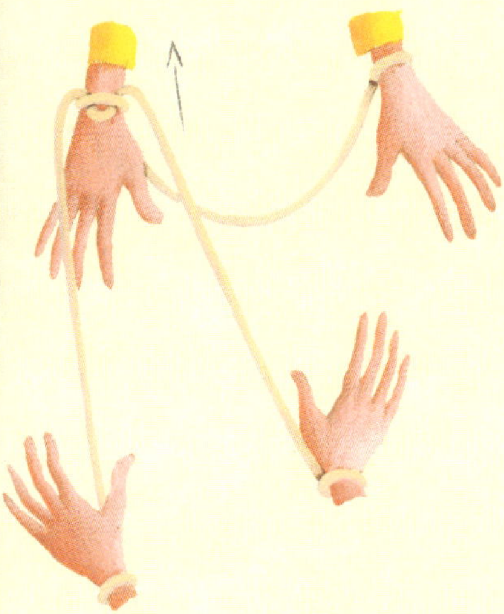

5 Faites ensuite passer cette boucle autour de sa main et tendez le cordon... Les deux spectateurs sont libérés.

La corde grandissante

UNE CORDE S'ALLONGE MYSTÉRIEUSEMENT.

SECRET
C'est la juxtaposition invisible de 2 cordes qui permet cet étrange résultat.

Accessoires
Deux cordes

1. Prenez 2 cordes. Cachez la première dans une poche intérieure de votre veste, passez-la dans votre manche et coincez son extrémité sous votre bracelet-montre.

2. Présentez au public l'autre corde et faites sembla de la nouer pour former une boucle. En réalité, attrapez l'extrémité droite de cette corde en main droite et subtilisez son extrémité gauche avec le bout qui se trouve sous votre bracelet- montre. Faites alors un nœud avec les 2 extrémités.

3. Pour montrer que la boucle de corde s'agrandit, il vous faut tirer tout doucement par petites touches successives, jusqu'à ce que l'extrémité de la corde cachée arrive elle aussi dans votre main.

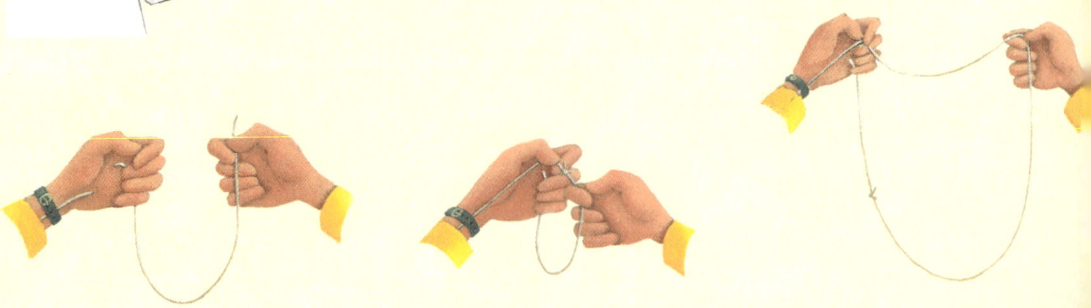

La boucle

UNE BOUCLE COUPÉE À DEUX ENDROITS
EST RESTAURÉE PAR LE MAGICIEN.

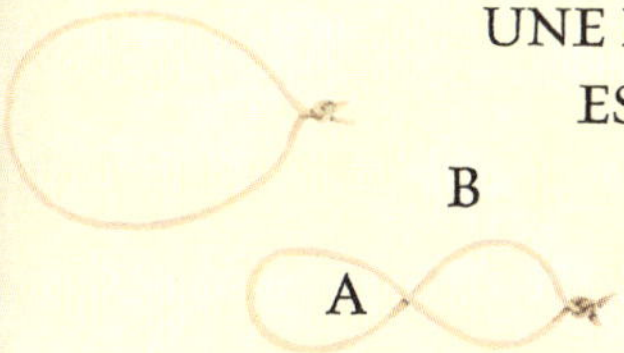

Accessoire
Une paire de ciseaux

SECRET
La position de la boucle au moment de la coupe est fondamentale car la coupe doit intervenir tout près d'un croisement secret.

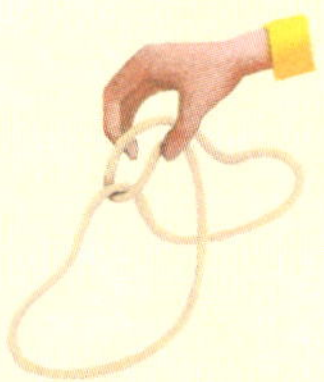

1. Prenez un cordon et nouez ses deux extrémités afin d'obtenir une boucle comme sur le dessin. Effectuez une torsion d'un demi-tour en prenant l'extrémité de cette boucle, de façon à obtenir un 8.

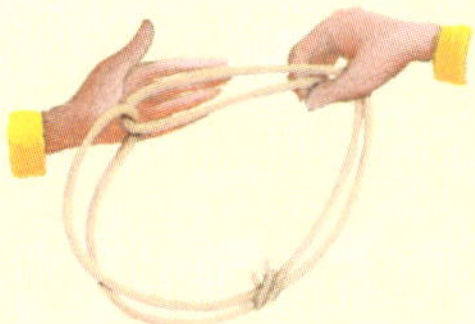

2. Attrapez le cordon en A puis en B. Puis relevez et cachez le croisement qui se forme entre vos mains.

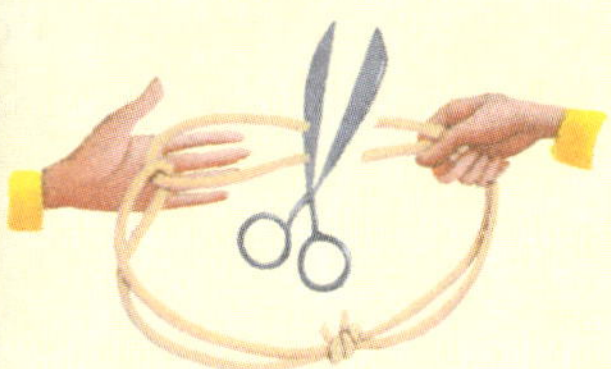

3. Maintenant, faites couper le cordon par un spectateur, tout près du croisement caché.

4. Demandez-lui ensuite de nouer les extrémités coupées (du côté opposé au croisement, bien sûr), puis placez l'autre côté coupé (avec le croisement secret) dans votre poche.

5. Il vous suffira alors de vous débarrasser discrètement du petit bout dans votre poche et de montrer au public le cordon « restauré ».

Le nœud qui disparaî

UN NŒUD SUR UNE CORDE ATTACHÉE À VOS POIGNETS DISPARAÎT.

1. Faites un nœud au milieu d'un cordon et demandez à vos spectateurs d'attacher une extrémité du cordon autour de votre poignet droit et l'autre autour de votre poignet gauche en faisant chaque fois plusieurs nœuds.

SECRET
Ce nœud va en réalité changer de place.

2. Montrez ensuite le nœud au centre du cordon et annoncez que vous allez tenter de le faire disparaître sans défaire vos liens.

3. Retournez-vous quelques instants et desserrez le nœud, puis faites-le glisser le long du cordon pour qu'il rejoigne les nœuds autour de votre poignet. Serrez-le pour qu'il se confonde avec les autres.

4. Retournez-vous vers le public pour lui montrer que le nœud a disparu !

Le nœud impossible

LE MAGICIEN FAIT UN NŒUD SUR UNE CORDE SANS LÂCHER LES EXTRÉMITÉ

1. Pour réaliser ce nœud, il suffit de croiser les bras avant d'attraper les extrémités de la corde.

SECRET
Ce tour est basé sur une petite subtilité.

2. Ensuite il faut décroiser les bras sans lâcher les extrémités, et le nœud se formera tout seul sur la corde.

Le nœud voyageur

APRÈS AVOIR FAIT UN NŒUD, LE MAGICIEN LE SÉPARE DE LA CORDE !

SECRET
Il y a un faux nœud
et un vrai nœud dans ce tour.

1. Prenez tout d'abord un petit morceau de corde et faites un nœud bien serré. Coupez la corde de chaque côté, de façon à avoir juste un nœud.

2. Commencez le tour en cachant ce nœud dans votre main droite qui tient une corde.

3. Tout en laissant caché ce nœud, faites un faux nœud classique (voir p. 134) sur la corde.

4. Coincez une des extrémités de la corde sous votre pied et tenez l'autre dans votre main gauche.

5. Pour donner l'illusion de séparer le nœud de la corde, tirez sur la corde pour faire disparaître le faux nœud classique. En même temps, faites semblant de prendre celui-ci en main droite, et laissez alors apparaître le nœud caché.

Le nœud indien

VOICI UNE FAÇON ORIGINALE DE FAIRE UN NŒUD
EN UTILISANT UNE CORDE COMME UN ARC.

SECRET
Il s'agit là d'une petite manipulation appelée « fioriture ».

1. Prenez une corde en main gauche par un bout. Avec la main droite, formez une boucle en amenant l'autre extrémité de la corde derrière celle tenue en main gauche, comme sur le dessin.

2. Tenez la boucle en main gauche ; attrapez maintenant l'extrémité de la corde qui retombe en main droite et tendez-la, comme on « bande » un arc.

3. Tirez dessus un coup sec, pour profiter de l'élasticité de la corde, et arrangez-vous pour que l'extrémité passe dans la boucle.

4. Relâchez la boucle et le nœud indien se forme.

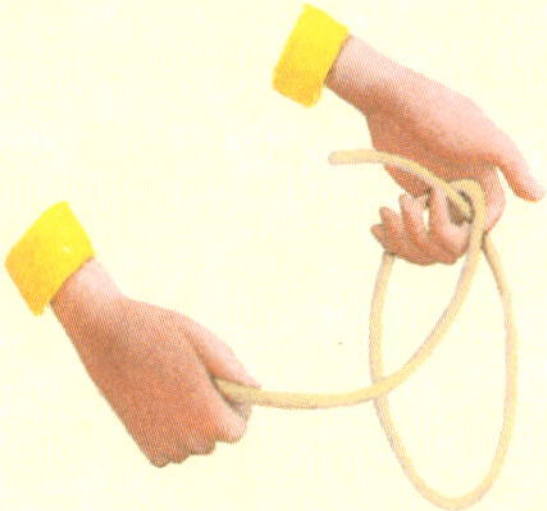

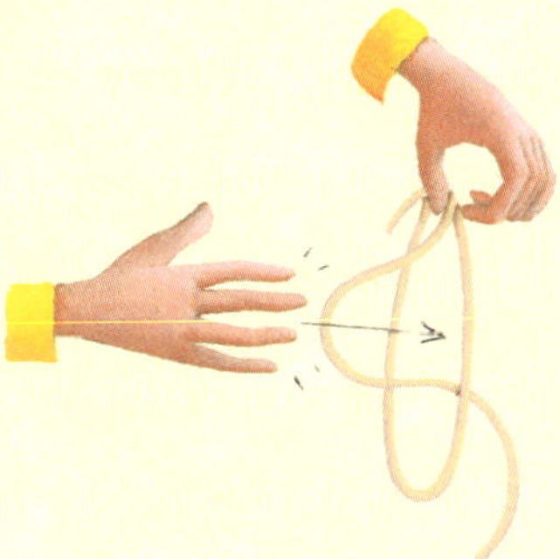

Le rouleau de papier

UN CORDON PASSÉ À L'INTÉRIEUR D'UN ROULEAU DE PAPIER QUE L'ON COUPE EN RESSORT INTACT.

Accessoires

Une feuille de papier
Un morceau de ruban adhésif
Une paire de ciseaux

SECRET

Seul le rouleau de papier est coupé. Le cordon sort du rouleau par une entaille secrète.

1. Roulez dans le sens de la longueur une feuille de papier pour obtenir un petit rouleau.

2. Maintenez-le enroulé à l'aide de ruban adhésif. Faites secrètement une fente au centre du rouleau, dans le sens de la longueur, sur plusieurs centimètres.

3. Glissez un petit cordon à l'intérieur du rouleau et pliez le tout, fente à l'intérieur de la pliure.

4. Tirez secrètement sur le cordon pour le faire sortir du rouleau de papier.

5. Coupez maintenant entre le papier et le cordon. Pour vos spectateurs tout a été coupé, le cordon y compris. Il ne vous reste plus qu'à présenter au public le cordon intact !

Le piège

UN CRAYON PLACÉ AU CENTRE D'UNE SPIRALE DE CORDON SE TROUVE PRISONNIER OU LIBÉRÉ AU BON VOULOIR DU MAGICIEN.

SECRET
La position du cordon n'est pas la même dans les 2 cas.

Accessoire
Un crayon

1. Prenez un cordon d'environ 1,20 m, pliez-le en 2 en veillant à ce que l'une des extrémités dépasse nettement l'autre (d'à peu près 15 cm).

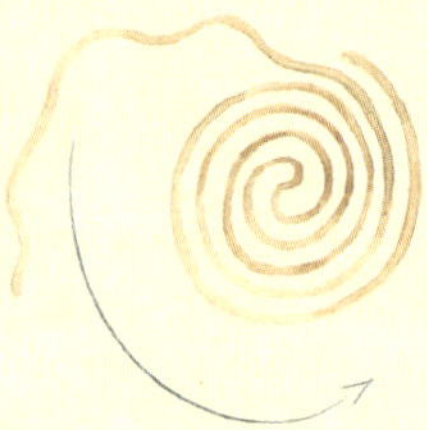

2. Cachez dans votre main la partie du cordon qui dépasse et enroulez ensuite le cordon pour former une sorte de spirale. Puis, demandez à un spectateur de maintenir un crayon dans la boucle centrale, au milieu de la spirale. Tirez les 2 extrémités du cordon, celui-ci reste maintenu.

3. Recommencez la même opération, mais cette fois-ci, faites faire un tour de plus à l'extrémité longue de la corde qui doit se trouver à l'intérieur de la spirale, comme sur le dessin. En replaçant le crayon dans la boucle centrale et en tirant, celui-ci sera cette fois-ci libéré.

Le filage

CETTE TECHNIQUE DONNE L'ILLUSION DE PRÉSENTER PLUSIEURS OBJETS. EN RÉALITÉ, IL Y A UN ÉCHANGE INVISIBLE D'UNE MAIN À L'AUTRE QUI PERMET DE MONTRER PLUSIEURS FOIS LE MÊME OBJET EN DONNANT L'IMPRESSION D'EN MONTRER CHAQUE FOIS UN NOUVEAU.

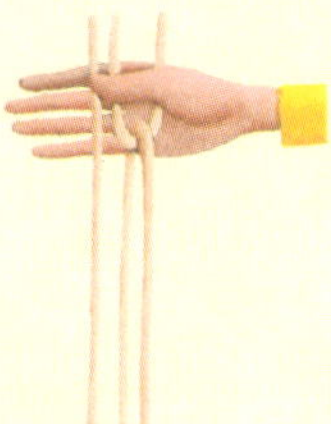

1. Tenez les 3 cordes d'une longueur apparemment égale dans la main droite. Vous obtiendrez cet effet en exécutant le tour de la page suivante.

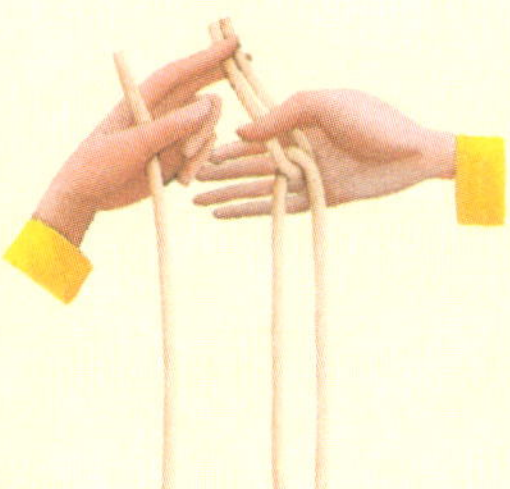

2. Comptez-les une à une en prenant avec la main gauche la corde moyenne en premier.

3. Ramenez ensuite les deux mains l'une vers l'autre dans un large mouvement (voir le dessin) et échangez les 2 cordes de la main droite avec la corde de la main gauche en comptant 2 de la manière suivante : en même temps que l'index et le majeur gauches récupèrent les 2, extrémités de la petite corde croisée, le pouce droit récupère la corde moyenne.

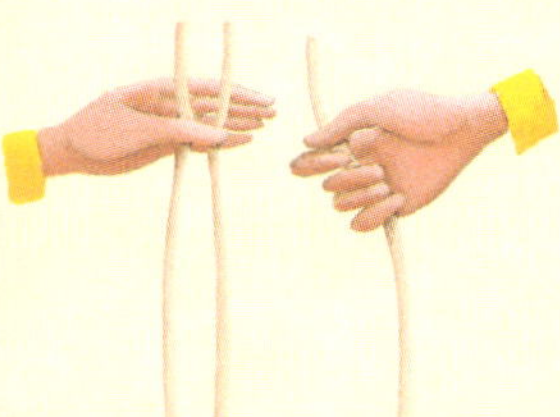

4. Venez ensuite récupérer de la main gauche la corde moyenne tenue en main droite en comptant 3.

Les 3 cordes

TROIS CORDES DE LONGUEURS INÉGALES SE TRANSFORMENT EN TROIS CORDES DE LA MÊME LONGUEUR.

SECRET
C'est une manipulation particulière des cordes qui permet de donner l'illusion que les 3 cordes sont de la même longueur.

Accessoires
Trois cordes

1. Munissez-vous de 3 cordes, une de 1 m, une de 60 cm et une de 20 cm.

2. Commencez par montrer ces 3 cordes de longueurs différentes à votre public, puis placez-les dans votre main droite : la petite corde d'abord, puis la moyenne et enfin la grande.

3. Ensuite, attrapez le bas de la grande corde et repliez-le pour ramener ses deux extrémités côte à côte et former ainsi une boucle.

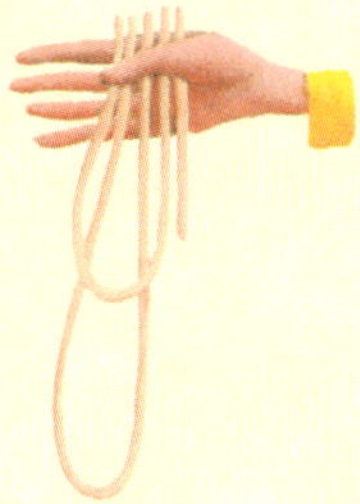

4 Relevez de la même façon l'extrémité basse de la corde moyenne, et amenez-la à côté de l'extrémité gauche de la grande corde repliée.

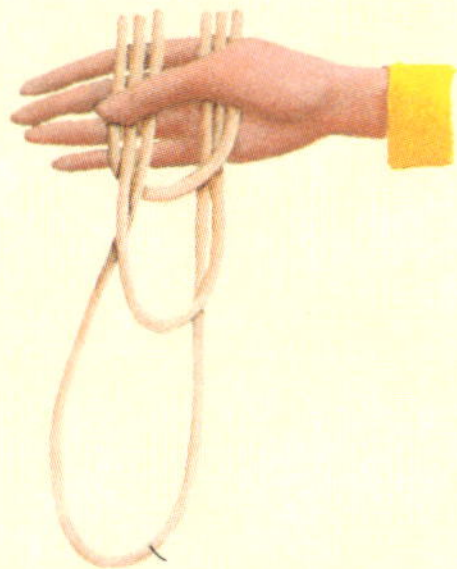

5 Il faut être très attentif ensuite : vous ramenez également l'extrémité basse de la petite corde vers le côté gauche de la corde moyenne mais en passant à travers les 2 boucles déjà formées.

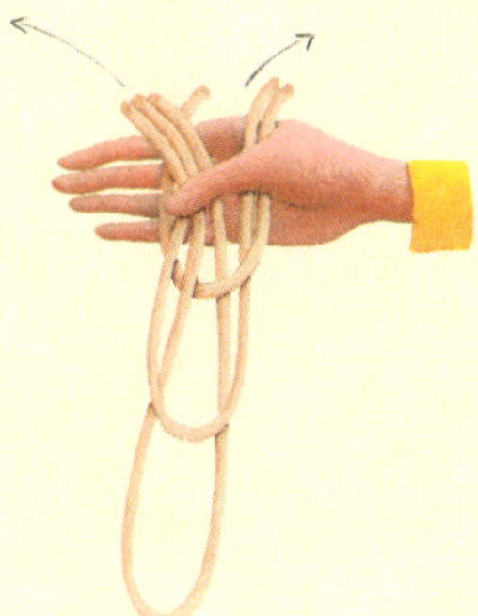

6 Maintenez les première, cinquième et sixième extrémités dans la main droite et prenez les 3 autres dans la main gauche...

7 Tirez doucement et vous verrez les 3 cordes devenir apparemment de la même longueur. Le croisement secret doit rester bien caché dans votre main droite.

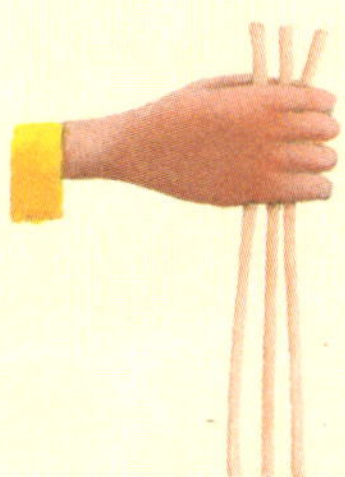

Les tours
d'allumettes

Conseils

Avec les tours d'allumettes, nous sommes à proprement parler dans l'art de tromper ses semblables pour les amuser. Ces trucs de prestidigitation se présentent facilement à table à la fin d'un repas et permettent de distraire ou d'intriguer l'assistance avec des objets on ne peut plus usuels.

Ce style de magie s'apparente plus à la physique amusante qui connut ses heures de gloire sous l'Empire et la Restauration qu'à l'art magique théâtral que l'on voit se développer aujourd'hui.

Mais ne sous-estimez pas l'importance pour un magicien d'être capable « d'improviser » un tour en toutes circonstances et sans que cela nécessite une préparation importante ou un espace scénique.

Pour le public, un véritable magicien doit avant tout être capable de réaliser toutes sortes de prouesses à n'importe quelle occasion.

Les tours d'allumettes classiques

L'allumette magique

DEUX ALLUMETTES TENUES AU BOUT DES DOIGTS
S'ÉCARTENT DE FAÇON MAGIQUE.

SECRET
Une petite préparation permet de réaliser ce tour.

Accessoire
Un stylo-bille

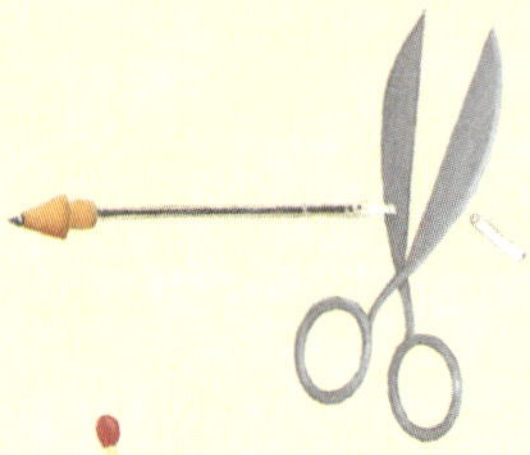

1. Avant de faire ce tour, coupez un petit morceau de cartouche de stylo (la partie sans encre) et enfoncez une allumette de part et d'autre.

2. Repliez les 2 allumettes l'une contre l'autre tout en les maintenant entre votre pouce et votre index. Maintenez-les en dissimulant le petit morceau de cartouche de stylo entre vos doigts. Si vous relâchez la pression, celles-ci s'écarteront toutes seules.

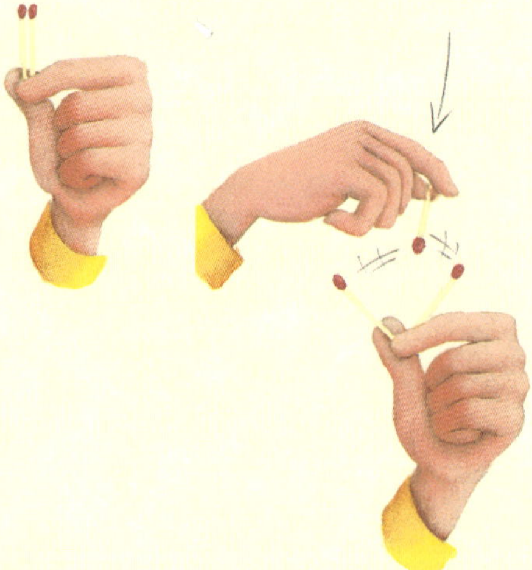

3. Présentez vos 2 allumettes à votre public.

4. Approchez une troisième allumette de ces 2 autres... Relâchez alors la pression et les 2 allumettes s'écarteront comme si elles étaient soumises à une force magique apportée par la troisième allumette.

La boîte ensorcelée

UNE BOÎTE D'ALLUMETTES SE REDRESSE TOUTE SEULE
SUR VOTRE MAIN.

SECRET
Il ne faut pas craindre
un pincement...

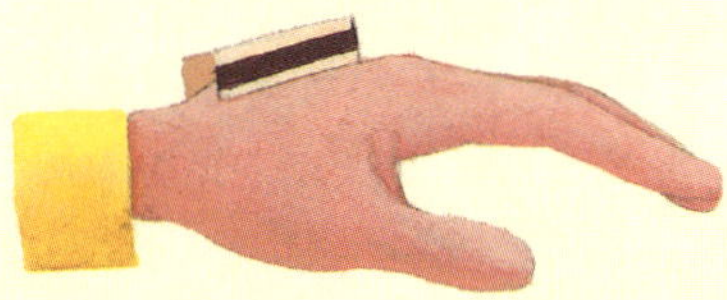

1 Munissez-vous d'une petite boîte d'allumettes vide et posez-la sur le dos de votre main. La boîte doit être légèrement entrouverte et retournée.

2 Lorsque vous la posez sur la main, refermez-la en coinçant légèrement une partie de votre peau. Il vous suffira de tendre un peu votre main pour que la boîte se relève toute seule !

La bonne boîte

VOUS AVEZ 2 BOÎTES D'ALLUMETTES, UNE PLEINE ET UNE VIDE. VOS SPECTATEURS NE RÉUSSIRONT JAMAIS À TROUVER LA BOÎTE PLEINE.

SECRET
Les 2 boîtes sont vides, mais vous utilisez une boîte supplémentaire secrète pleine...

1. Avant de commencer le tour, placez secrètement sous votre manche droite une petite boîte d'allumettes pleine et fixez-la avec des élastiques. Présentez maintenant 2 boîtes vides à vos spectateurs en annonçant que l'une est pleine et l'autre vide.

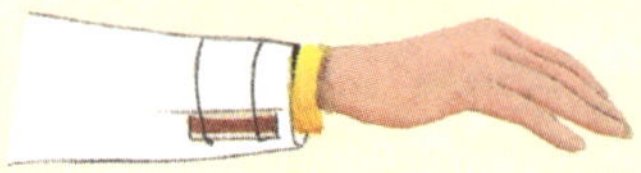

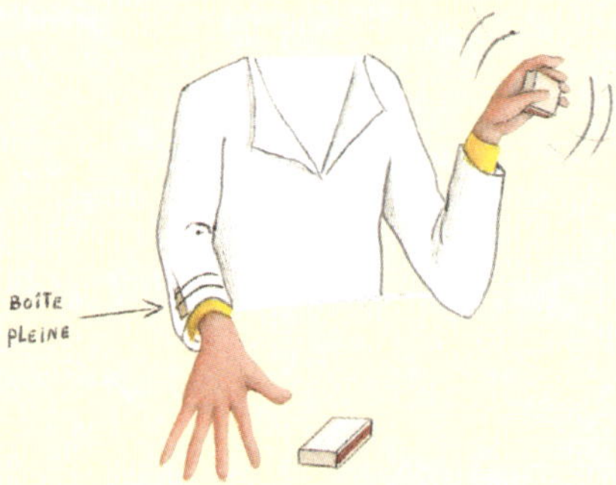

2. Secouez une boîte avec la main gauche... Elle est vide.

3. Secouez l'autre boîte avec la main droite : votre public entend le bruit des allumettes cachées dans la boîte sous votre manche et pense qu'elle est pleine.

4. Mélangez les boîtes et demandez à votre spectateur de vous désigner la pleine... Il n'a aucune chance de réussir !

L’allumette sauteuse

UNE ALLUMETTE POSÉE SUR VOTRE MAIN SAUTE EN L’AIR
À L’APPROCHE D’UNE SECONDE ALLUMETTE.

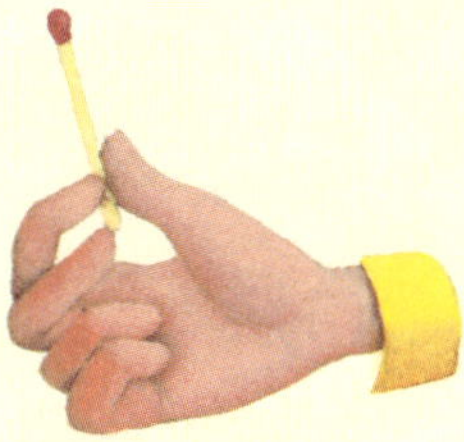

SECRET

C’est la deuxième allumette qui projette la première grâce à une manipulation.

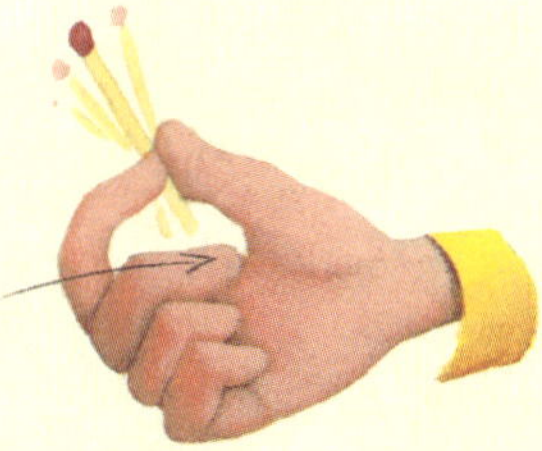

1. Posez une allumette dans votre main gauche. Laissez-la dépasser d’un petit cm de votre main.

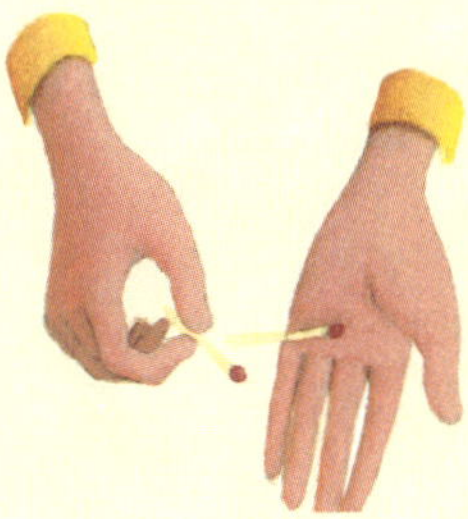

2. Prenez maintenant une seconde allumette en main droite. Attrapez-la entre le majeur et l’index d’un côté et le pouce de l’autre.

3. Placez-la sous l’allumette posée sur la main gauche comme sur le dessin.

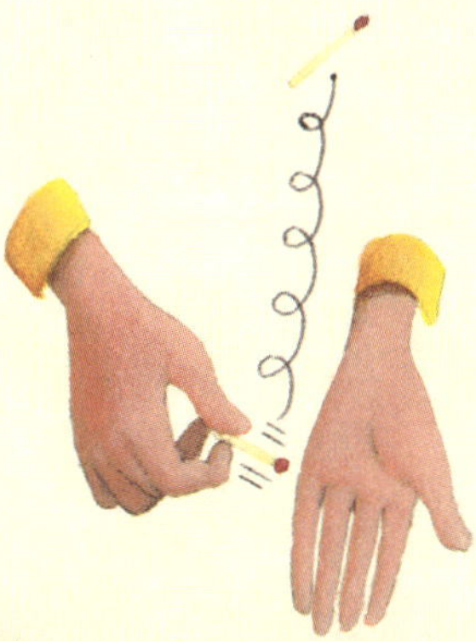

4. Dégagez d’un petit coup sec le majeur de la main droite. La secousse transmise à l’allumette tenue en main droite projettera l’allumette de la main gauche.

L'allumette aimantée

UNE ALLUMETTE SE DÉPLACE,
COMME SOUMISE À LA FORCE D'UN AIMANT.

SECRET
Le secret de ce tour
ne manque pas d'air !

1. En effet, il s'agit de souffle ! Posez d'abord 2 allumettes l'une sur l'autre, parfaitement en équilibre.

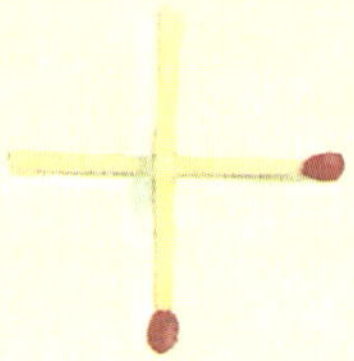

2. Approchez une troisième allumette des 2 autres et, tout en attirant l'attention sur les allumettes, soufflez légèrement et secrètement sur l'allumette en équilibre. Celle-ci se mettra à tourner comme si elle subissait une force invisible.

L'ouverture énigmatique

UNE BOÎTE D'ALLUMETTES S'OUVRE TOUTE SEULE.

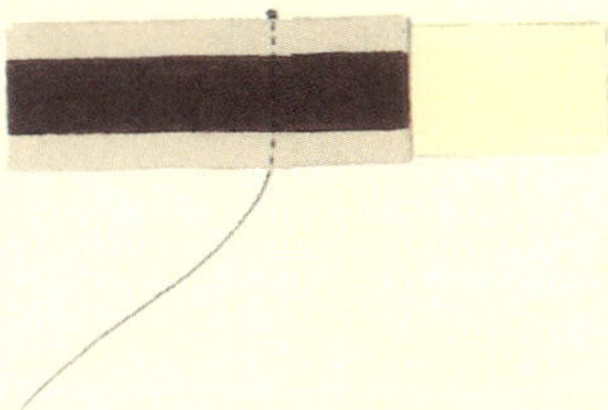

Accessoires

Une boîte d'allumettes vide
Un morceau de fil

SECRET

C'est un petit fil invisible qui permet ce tour.

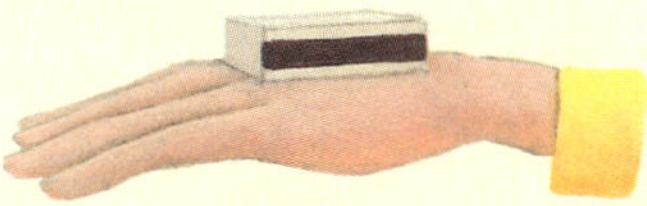

1. Commencez par fixer un petit fil invisible sur l'étui de la boîte d'allumettes, comme montré sur le dessin. Il doit le traverser de part en part à environ un tiers de sa longueur.
L'autre extrémité du fil doit être fixée à la ceinture de votre pantalon.

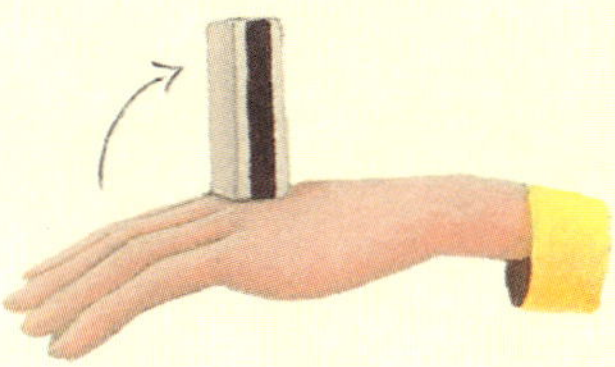

2. Posez maintenant l'étui sur votre main droite (le fil traversant l'étui vers le bout des doigts). Glissez le fil entre l'index et le majeur et faites-le passer sous votre main.

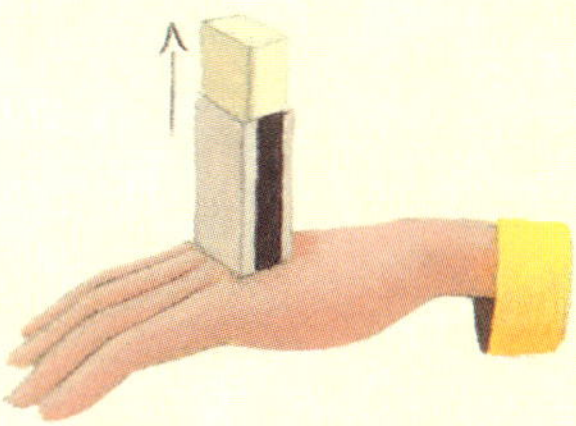

3. Glissez ensuite le tiroir de la boîte dans l'étui par le côté du bout des doigts.
Il ne reste qu'à tendre le bras pour que le fil se tende et que la boîte se redresse et s'ouvre toute seule.

L'allumette brisée

UNE ALLUMETTE PLACÉE AU MILIEU D'UNE SERVIETTE EST BRISÉE AVANT DE SE RETROUVER RÉPARÉE.

SECRET
Il y a une allumette secrète cachée à l'intérieur de l'ourlet de la serviette.

Accessoires
Une serviette
Deux allumettes

1 Prenez une serviette et glissez une allumette secrète sous l'ourlet, à peu près au milieu. Au besoin, défaites un petit point de l'ourlet.

2 Commencez le tour en disposant la serviette ainsi préparée sur une table. Placez au centre une allumette.

3 Pliez la serviette en trois en veillant à ce que cette deuxième allumette vienne tout contre l'allumette secrète.

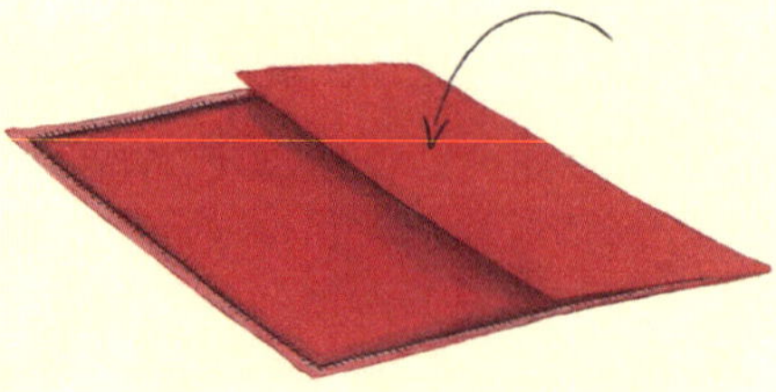

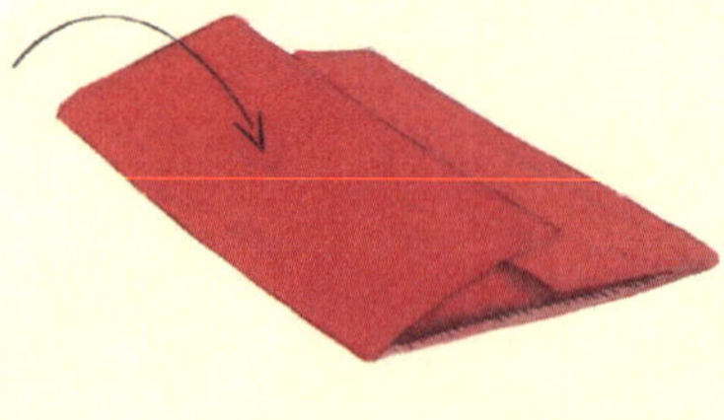

4 Demandez ensuite à un spectateur de casser l'allumette qui se trouve ainsi à l'intérieur de la serviette. Arrangez-vous pour qu'il casse en réalité l'allumette secrète cachée dans l'ourlet.

5 Il ne vous reste plus qu'à déplier la serviette pour montrer l'allumette intacte !

La prédiction

UN SPECTATEUR DÉSIGNE L'UN DES 2 TAS D'ALLUMETTES POSÉS SUR UNE TABLE. VOUS AVIEZ PRÉVU SON CHOIX !

SECRET

Dans les 2 cas, vous avez une solution qui correspond au choix du spectateur et qui fait croire que vous aviez prévu ce choix.

Accessoires

Une boîte d'allumettes vide
Neuf allumettes

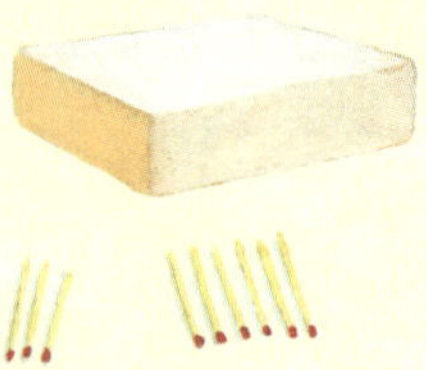

1. Avant de commencer le tour, inscrivez sous la boîte le chiffre 6 et glissez, à l'intérieur de celle-ci, 3 allumettes.

2. Devant votre spectateur, posez sur une table 2 tas d'allumettes : un tas de 6 allumettes et un tas de 3 allumettes.

3. Si le spectateur vous désigne le tas de 6 allumettes, retournez la boîte et faites-lui constater votre inscription comme prédiction

4. Si le spectateur vous désigne le tas de 3 allumettes, ouvrez la boîte et faites-lui constater qu'elle contient 3 allumettes – nombre qui correspond à son choix !

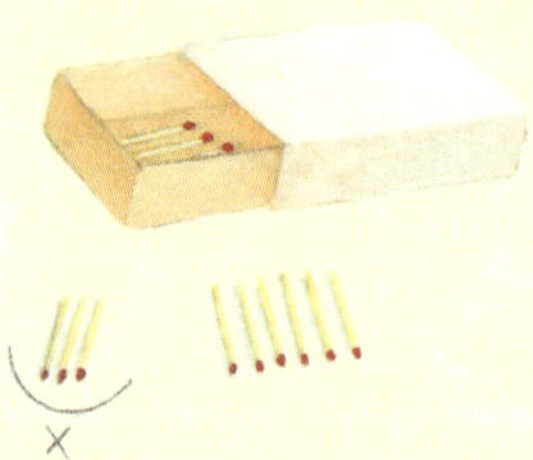

Les allumettes sympathiques

UNE CARTE À JOUER EST PLACÉE ENTRE 2 BOÎTES D'ALLUMETTES. MAIS LORSQUE VOUS FERMEZ L'UNE DES BOÎTES, L'AUTRE S'OUVRE ET INVERSEMENT.

Accessoires

Deux boîtes d'allumettes vides
Du fil
Une carte à jouer

SECRET

C'est un fil invisible reliant les 2 boîtes qui permet ce phénomène.

1. Préparez d'abord les deux boîtes : reliez-les par un fil qui doit traverser les deux étuis à environ un tiers de la longueur de chaque boîte, comme sur le dessin.

2. Placez les deux boîtes l'une contre l'autre dans le sens de la largeur et replacez les tiroirs à l'intérieur de chaque boîte.

3. Calculez bien la longueur du fil pour que, lorsque vous fermez une boîte, l'autre s'ouvre et inversement.
La carte à jouer que vous glisserez entre les 2 boîtes ne gênera pas l'action du fil qui passera par-dessous.

La cendre et le billet

UN PAPIER BLANC SE TRANSFORME EN BILLET DE BANQUE.

SECRET

Une manipulation permet de faire apparaître un billet caché dans une boîte d'allumettes, à la place du papier blanc.

Accessoires

Un billet de banque
Un papier blanc
Un cendrier

1. Préparez votre tour en pliant un billet de banque et en le cachant dans l'étui d'une boîte d'allumettes à moitié ouverte, comme sur le dessin.

2. Commencez le tour en montrant un papier blanc. Posez-le dans un cendrier.

3. Prenez une allumette de la boîte que vous avez préparée puis refermez-la. Le billet tombera automatiquement dans votre main. Gardez-le bien caché.

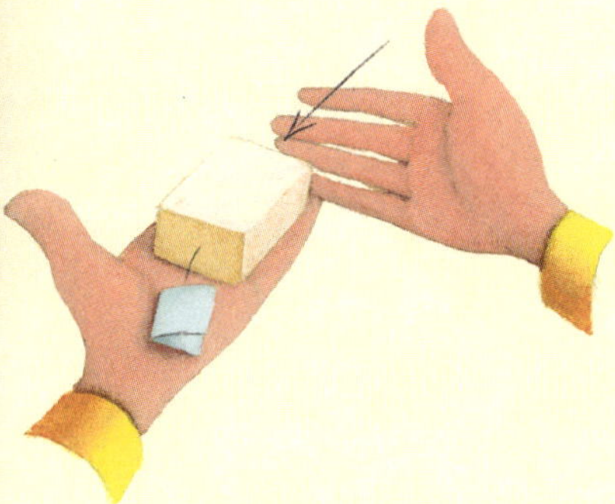

★ 4 Brûlez le papier dans le cendrier. Posez la boîte d'allumettes, attendez que le papier blanc finisse de brûler, tout en gardant caché le billet dans votre main.

★ 5 Une fois la combustion terminée, faites semblant de faire sortir le billet, qui était en réalité caché dans votre main, des cendres.

Les jeux d'allumettes

Le carré

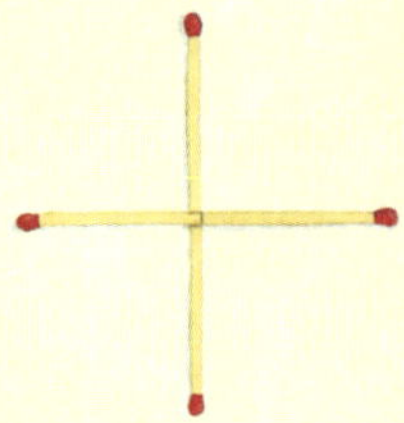

Question

Quatre allumettes forment une croix. Comment former un carré en n'en déplaçant qu'une seule ?

Réponse

Il faut tirer très légèrement une des allumettes de manière à former un tout petit carré au centre de la croix.

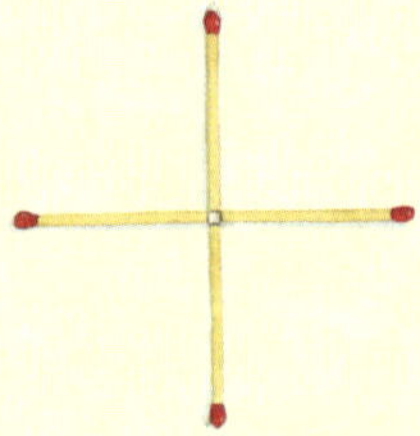

La pelle

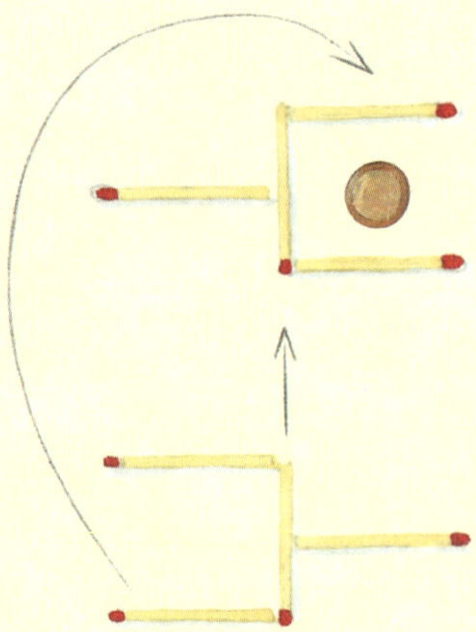

Question

Une sorte de pelle est formée avec 4 allumettes. Une pièce est placée à l'intérieur de la pelle... Comment, en ne déplaçant que 2 allumettes, retrouver la pelle avec la pièce à l'extérieur ?

Réponse

Il faut faire glisser délicatement, d'une demi-longueur d'allumette, l'allumette qui forme la base de la pelle et récupérer l'allumette isolée pour la poser en face de l'allumette formant précédemment le manche de la pelle.

Les 14 allumettes

Question

C'est un jeu très amusant à deux, où chacun doit prendre une, deux ou trois allumettes à tour de rôle jusqu'à la dernière. Celui qui prend la dernière a perdu. Comment gagner à tous les coups ?

Réponse

Tout d'abord, il faut veiller à ce qu'il y ait exactement 14 allumettes. Il faut ensuite savoir que celui qui aura la 1re, la 5e ou la 9e allumette aura gagné. Par exemple, après avoir récupéré la 5e allumette, il suffit de prendre le nombre complémentaire d'allumettes du nombre d'allumettes prises par l'autre joueur pour obtenir le nombre 4. Ainsi, si vous avez la 5e allumette, il en prend 1, vous en prenez 3, il en prend 2, vous en prenez 2, il en prend 3, vous en prenez 1, etc.

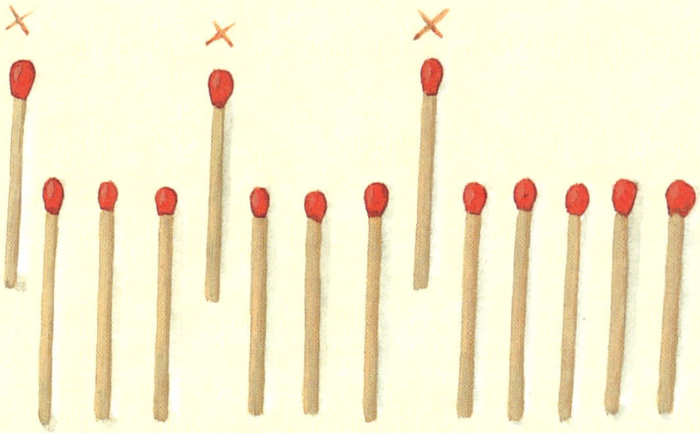

Les 2 carrés

Question
Vous avez formé 9 petits carrés à l'aide de 24 allumettes. Comment n'obtenir plus que 2 carrés en retirant 8 allumettes ?

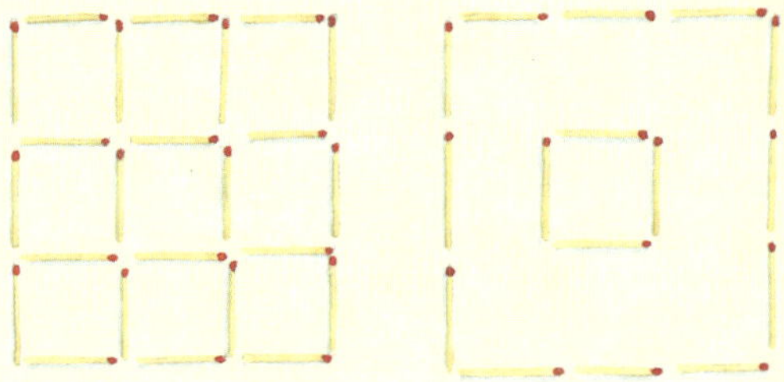

Réponse
Il faut retirer toutes les allumettes internes excepté les allumettes centrales formant un petit carré.

La pyramide

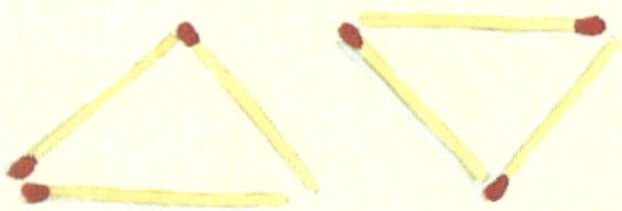

Question
Comment former 4 triangles à l'aide de 6 allumettes ?

Réponse
Il faut faire un premier triangle à l'aide des 3 premières allumettes et prendre les 3 autres allumettes entre les doigts de manière à former les arêtes d'une pyramide qui viendrait coiffer le 1er triangle formé.

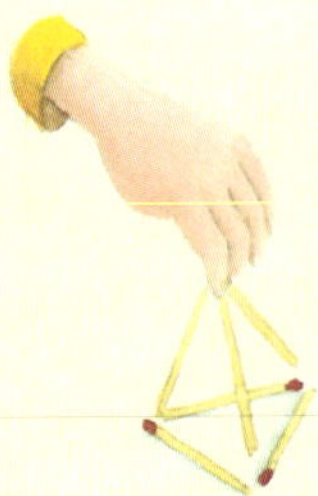

Le bon coup

Question
L'étui d'une boîte d'allumettes est posé sur la tranche sur une table. Par-dessus et sur la tranche également est posé le tiroir de la boîte. Si vous donnez un coup sec avec les doigts sur le milieu du tiroir, quelle partie va s'écraser ?

Réponse
Ni le tiroir ni l'étui ne s'écraseront car, même si vous tapez bien droit, vous ne taperez jamais exactement au centre du tiroir et celui-ci ainsi que l'étui sauteront en l'air.

La pièce libérée

Question
Sur une boîte d'allumettes se trouve une pièce sur laquelle repose en équilibre une allumette maintenue elle-même par une autre allumette coincée par le tiroir de la boîte. Les 2 allumettes sont en contact par leurs têtes. Comment récupérer la pièce de monnaie sans toucher à l'allumette en équilibre et sans même la faire tomber ?

Réponse
Il faut, à l'aide d'une autre allumette, allumer les 2 têtes d'allumettes. Celles-ci vont s'enflammer et provoquer le redressement de l'allumette en équilibre qui, soudée à l'autre par la tête, se soulèvera. Vous pourrez alors récupérer la pièce.

Le pari impossible

Question
Une allumette est coincée entre 2 autres maintenues par le tiroir de la boîte. En allumant l'allumette coincée par son milieu, quelle est l'allumette qui s'allumera la première ?

Réponse
Aucune, car l'allumette coincée, en se consumant, se réduira et tombera avant que la flamme ne touche une autre allumette.

Le passage

Question
Une épingle à nourrice traverse le milieu d'une allumette dont on a coupé la tête. Comment donner l'illusion que l'allumette traverse l'épingle ?

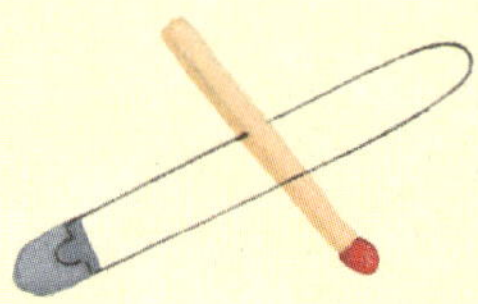

Réponse
Il suffit d'appuyer sur le bout de l'allumette, situé vers l'extérieur de l'épingle, en pressant vers le haut et en relâchant d'un coup sec.

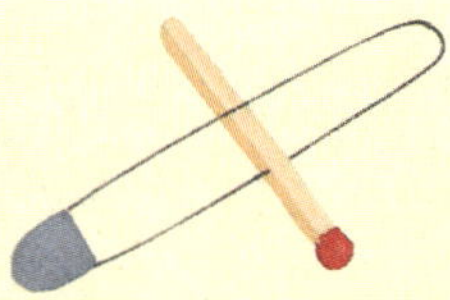

Les tours **divers**

Les tours divers classiques

L'élastique passe-passe

UN CORDON ATTACHÉ À VOS POIGNETS EST TRAVERSÉ PAR UN ÉLASTIQUE.

SECRET

Il est nécessaire d'utiliser 2 élastiques identiques. Placez-en un secrètement sous votre manche gauche, autour de votre bras.

Accessoires

Deux élastiques
Un cordon

1. Commencez par faire attacher une extrémité du cordon à votre poignet droit et l'autre extrémité à votre poignet gauche.

2. Montrez un élastique et annoncez que vous allez lui faire traverser le cordon.

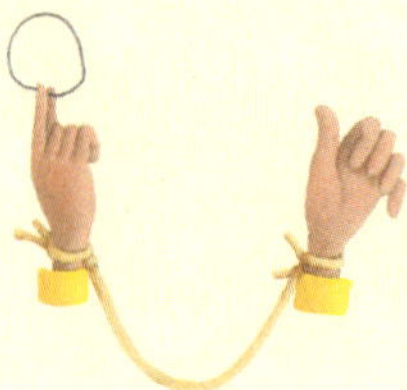

3. Retournez-vous et cachez l'élastique que vous avez montré au public sous votre manche.

4. Prenez ensuite l'élastique secret que vous aviez mis autour de votre bras gauche et passez-le par-dessus votre poignet et votre main gauche. Il se retrouve automatiquement autour du cord

Le truc mathématique

LE MAGICIEN PRÉDIT LE RÉSULTAT D'UNE SÉRIE D'OPÉRATIONS MATHÉMATIQUES FAITES PAR UN SPECTATEUR.

Accessoires
Une feuille de papier
Un crayon
Une enveloppe

SECRET
En suivant bien les indications que vous donnerez, le spectateur arrivera toujours au même résultat : 1 089.

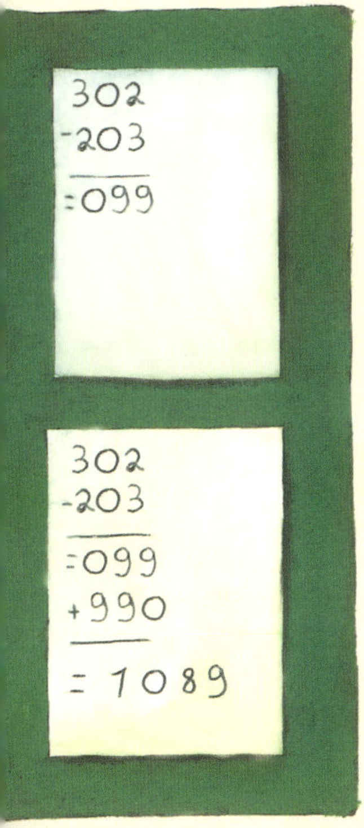

1. Sortez une enveloppe contenant une prédiction (le chiffre 1 089) et confiez-la à un des spectateurs.

2. Donnez une feuille et un crayon à un autre spectateur et demandez-lui d'y inscrire un nombre entre 100 et 1 000, mais en n'utilisant que des chiffres différents. Demandez-lui ensuite d'inscrire en dessous de ce nombre un autre nombre en inversant les chiffres du premier. Faites-lui maintenant faire une soustraction en déduisant le plus petit nombre du plus grand.

3. Demandez à votre spectateur une dernière fois d'inscrire un nouveau nombre en inversant les chiffres du nombre obtenu par la soustraction précédente et de les additionner. Le résultat sera toujours 1 089...
Exemple : 302-203 = 099 + 990 = 1089

L'apparition flash

UN FOULARD APPARAÎT DE NULLE PART.

SECRET

Il est nécessaire pour ce tour de rouler un foulard en boule et de le cacher à la pliure du bras et de l'avant-bras.

Accessoire
Un foulard

1. Le foulard doit être très bien caché. Pour cela, il faut plier légèrement le bras tout en présentant de face ses mains vides au public.

2. Ensuite, dépliez subitement les bras en avançant les mains en avant et rattrapez le foulard qui se trouvera projeté en avant.

L'élastique sauteur

UN ÉLASTIQUE PASSÉ AUTOUR DE L'INDEX ET DU MAJEUR SAUTE TOUT SEUL ET PASSE AUTOUR DE L'ANNULAIRE ET DE L'AURICULAIRE.

Accessoire
Un élastique

SECRET
Une manipulation est à la base de ce classique de la prestidigitation.

1 Placez un élastique sur l'index et le majeur de votre main droite. Avec votre main gauche, tirez sur l'élastique de manière à pouvoir replier tous les doigts sauf le pouce dans la boucle.

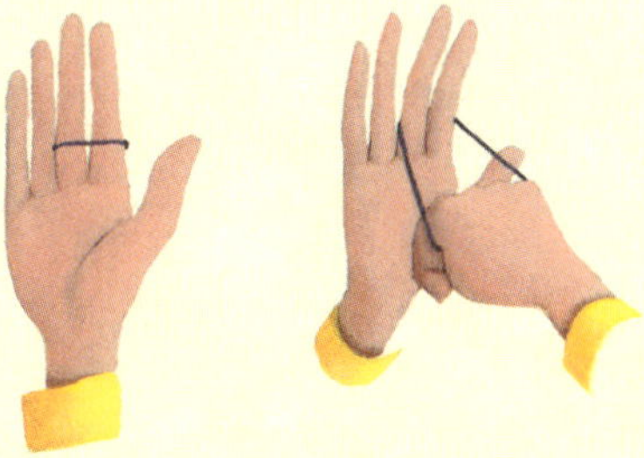

2 Il vous suffira d'ouvrir la main pour que l'élastique saute automatiquement sur l'annulaire et l'auriculaire.

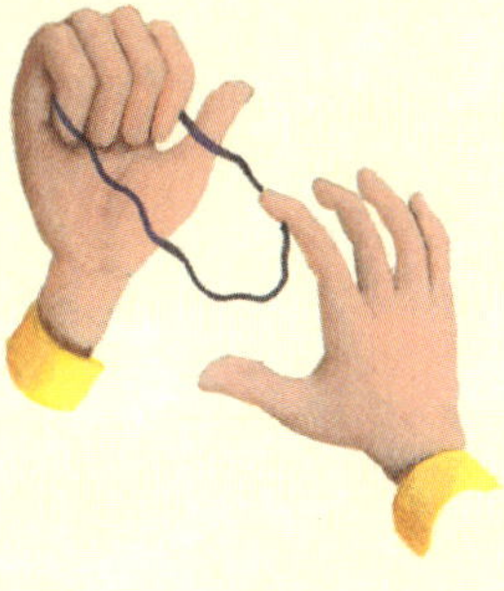

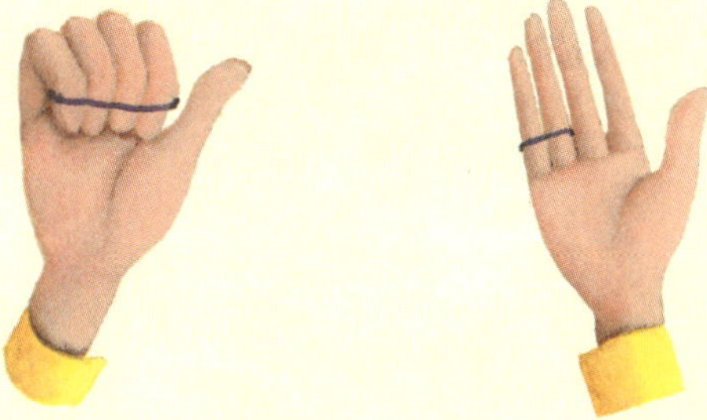

La bonne couleur

VOUS DEVINEZ LA COULEUR D'UN CRAYON DE COULEUR PLACÉ DANS VOS MAINS, DERRIÈRE VOTRE DOS.

SECRET

Lorsque le crayon est dans vos mains derrière votre dos, faites un trait de crayon sur l'ongle de votre pouce.

Accessoire

Un crayon de couleur

1. Présentez 5 crayons de couleurs différentes à vos spectateurs et demandez à l'un d'entre eux de les prendre et d'en placer un dans vos mains derrière votre dos.

2. Faites en secret un trait de crayon sur l'un de vos ongles et demandez au spectateur de récupérer le crayon et de le mélanger aux autres.

3. Reprenez-les tous et faites semblant de vous concentrer pour retrouver le bon crayon. En réalité, jetez un coup d'œil discret sur votre ongle marqué et... annoncez la bonne couleur à votre public impressionné !

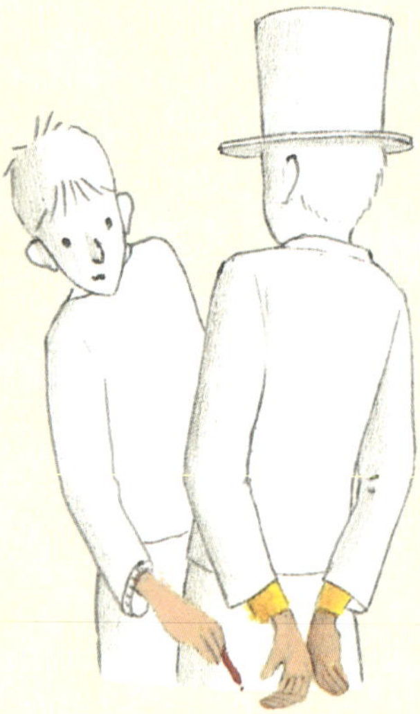

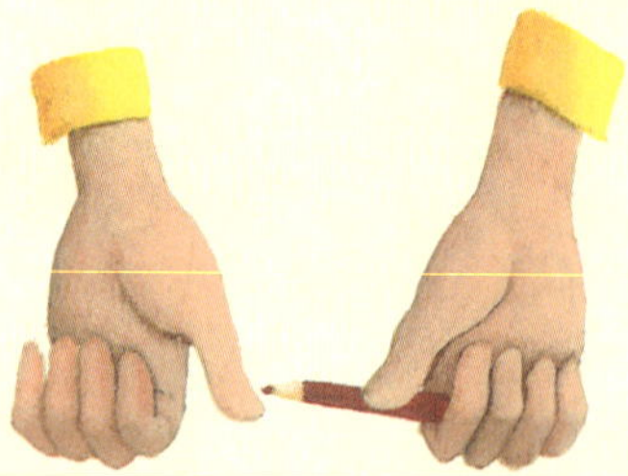

Le crayon mou

UN CRAYON RAMOLLIT ENTRE VOS DOIGTS.

Accessoire
Un crayon de couleur

SECRET
Ceci est une illusion d'optique.

1. Pour réussir cet effet, vous devez tenir le crayon entre le pouce et l'index de votre main droite à environ 3 cm de l'extrémité.

2. Sans trop serrer le crayon entre votre pouce et votre index, pratiquez un mouvement de haut en bas, suffisamment rapide pour que l'on ait l'illusion de voir le crayon se tordre.

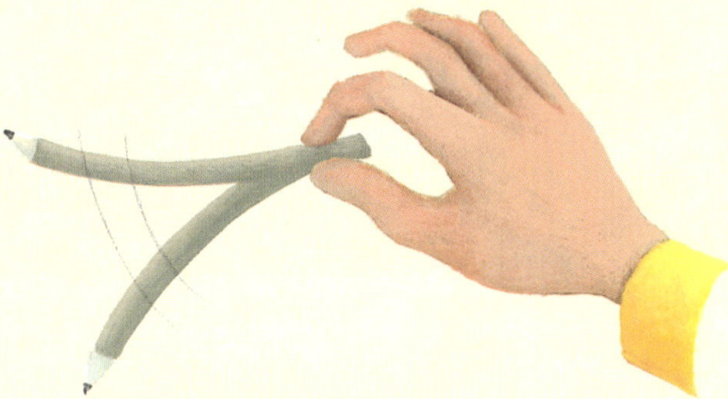

L'anneau de Mobius

TROIS ANNEAUX DE PAPIER DÉCOUPÉS DANS LE SENS DE LA LONGUEUR FORMENT DES FIGURES DIFFÉRENTES ET SURPRENANTES.

SECRET
Les anneaux de papier sont préparés de manières différentes.

Accessoires
Trois anneaux de papier
Un tube de colle

1. Découpez une feuille de papier en 4 bandes identiques dans le sens de la longueur puis collez les extrémités de ces bandes les unes aux autres de manière à obtenir une longue bande. Préparez 3 bandes identiques de la même manière.

2. Prenez la première bande et collez ses deux extrémités afin d'obtenir un anneau.

   Prenez la seconde bande et collez ses deux extrémités en faisant faire un demi-tour à l'une d'entre elles.

   Prenez la troisième bande et collez ses deux extrémités en faisant faire un tour complet à l'une d'entre elles.

3. Vous allez maintenant assister avec étonnement à un curieux phénomène. Prenez chaque anneau, l'un après l'autre, et découpez-le intégralement dans le sens de la longueur.

Dans le premier cas, vous obtiendrez deux anneaux… normal.

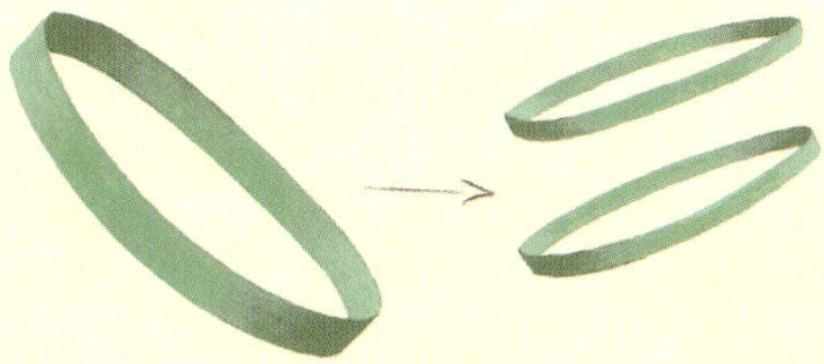

Dans le second cas, vous obtiendrez un grand anneau… bizarre.

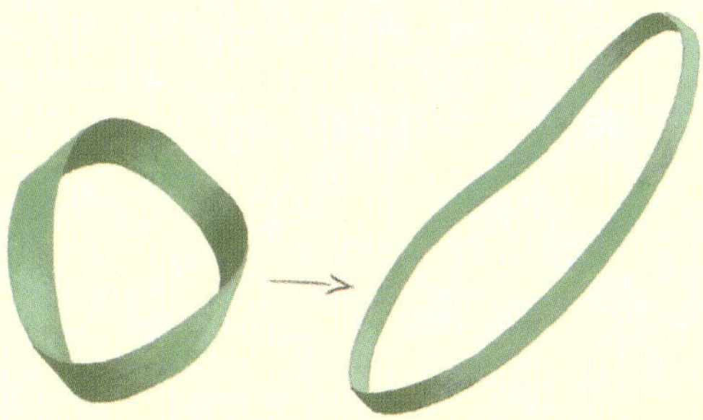

Dans le troisième cas, vous obtiendrez deux anneaux imbriqués l'un dans l'autre… curieux !

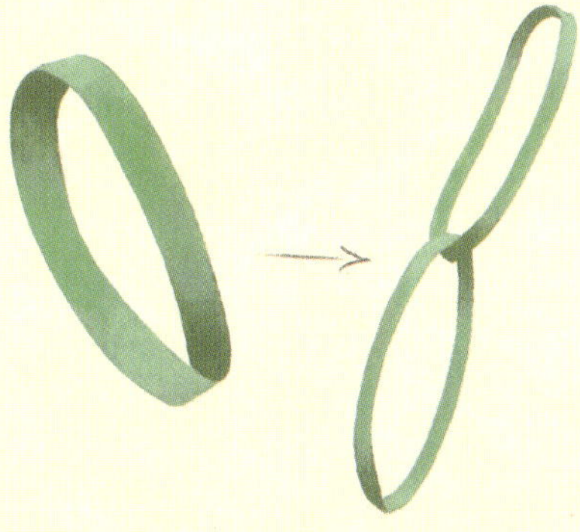

La banane prédécoupée

UNE BANANE EST DÉCOUPÉE EN MORCEAUX
ALORS QU'ELLE N'ÉTAIT MÊME PAS ÉPLUCHÉE.

SECRET
Vous obtenez ce résultat
à l'aide d'un fil et d'une aiguille.

Accessoires
Une banane
Un fil et une aiguille

1. Préparez une banane à l'avance. À l'aide d'une aiguille, faites rentrer le fil dans la queu du fruit, puis faites ressortir l'aiguille 2 cm plus loin comme sur le dessin.

2. Le fil doit dépasser du premier trou. Enfilez à nouveau l'aiguille dans le deuxième trou et ressortez-la un peu plus loin et ainsi de suit jusqu'à faire le tour de la banane.

3. Vous obtenez alors 2 fils qui sortent du même trou. Tirez-les doucement, cela coupe le fruit. Refaites cette opération plusieurs fois pour couper le fruit en différents endroits.

4. Il ne vous reste plus qu'à présenter au public la banane que vous « découpez » d'une maniè magique !

Dans l'oreille

UN CRAYON DISPARAÎT DE VOS MAINS.

Accessoire
Un crayon

SECRET
Au cours d'un détournement d'attention, le crayon est caché derrière votre oreille.

1. Présentez un crayon à votre spectateur en le tenant entre le pouce et l'index de votre main droite.

2. Amenez-le plusieurs fois dans votre main gauche, puis relevez-le en l'amenant près de votre oreille droite. Lorsque votre spectateur fixera ses yeux sur votre main gauche, profitez-en pour déposer discrètement le crayon derrière votre oreille droite.

3. Ramenez alors votre main droite devant vous comme si le crayon y était toujours et ayez l'air surpris vous-même de sa disparition.

Disparition d'un œuf

UN ŒUF DISPARAÎT ENTRE VOS MAINS.

SECRET
C'est juste une manipulation !

Accessoire
Un œuf

1. Commencez cette manipulation en présentant l'œuf en main gauche.
2. Avancez votre main droite vers l'œuf comme si vous vouliez le prendre.
3. Lorsque votre main droite cache complètement l'œuf, laissez-le tomber à l'intérieur de votre paume gauche.
4. Avec votre main droite, faites semblant d'emporter l'œuf.
5. Avec votre main gauche qui cache l'œuf, faites semblant d'aller chercher de la poudre magique dans votre poche.
6. Profitez-en pour déposer l'œuf dans votre poche. Puis faites semblant de répandre la poudre sur votre main droite.
7. Ouvrez vos deux mains et montrez que l'œuf a disparu !

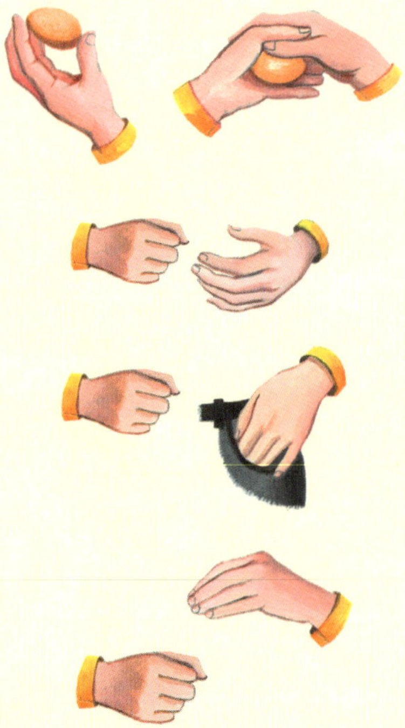

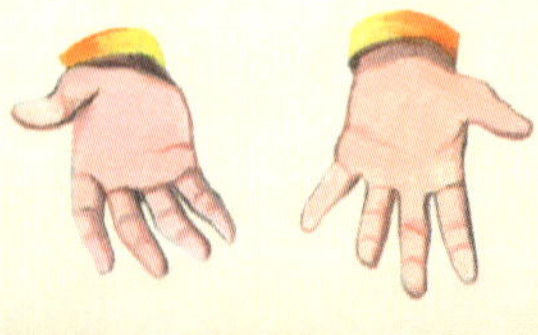

Apparition d'un œuf dans un sac vide !

UN ŒUF INVISIBLE DEVIENT VISIBLE DANS UN SAC VIDE.

SECRET
Il s'agit d'une synchronisation des mouvements qui permet l'illusion !

Accessoires
Un œuf
Un sac papier

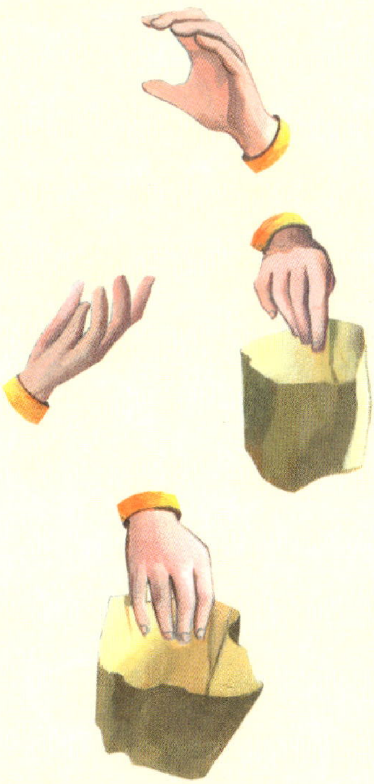

1. Commencez par placer secrètement l'œuf dans la poche arrière de votre pantalon. Présentez à votre public un œuf invisible en main gauche.

2. Faites semblant de lancer l'œuf invisible en l'air, de le rattraper dans le sac vide tenu en main droite.

3. On entendra l'œuf invisible retomber dans le sac. Pour créer cette illusion très réaliste, il faut tout simplement claquer des doigts tout en tenant le sac.

4. Pour cela, entraînez-vous à claquer des doigts avec votre main droite, puis attrapez le sac entre le pouce et les autres doigts.

5. Une fois l'œuf invisible lancé… vous suivez des yeux son trajet imaginaire jusque dans le sac. Claquez des doigts, en glissant le pouce contre les autres doigts (comme un simple claquement de doigts), au moment précis où l'œuf invisible est censé tomber à l'intérieur.

Le bruit provoqué par le claquement sur le sac créera l'illusion. Montrez ensuite l'intérieur du sac à votre spectateur avec la main gauche et profitez-en pour aller chercher l'œuf avec votre main droite.

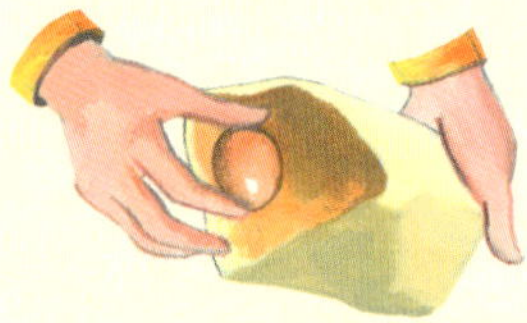

6 Plongez, pour finir, la main avec l'œuf à l'intérieur du sac et ressortez l'œuf comme s'il venait d'apparaître.

Mentalisme !

VOUS DEVINEZ LE TOTAL DES POINTS DES FACES CACHÉES DE 3 DÉS EMPILÉS.

SECRET

L'opération est toujours la même : le nombre 21, auquel on soustrait le chiffre visible tout au-dessus de la pile (le total de deux faces opposées d'un dé est toujours égal à sept).

Accessoires

3 dés à jouer

1 Commencez le tour en lançant les 3 dés sur une table.

2 Empilez maintenant les 3 dés l'un sur l'autre dans n'importe quel ordre.
Faites semblant de vous concentrer, puis annoncez le résultat de la somme de toutes les faces cachées

Le ruban coupé et raccommodé

UN RUBAN ET UNE CARTE À JOUER SONT COUPÉS...
UN SOUFFLE ET LE RUBAN EST RACCOMMODÉ.

SECRET

Pour réussir ce tour, vous avez besoin de préparer la carte en découpant 2 fentes. Placez ensuite le ruban, en le passant par les 2 fentes, de manière à ce qu'il semble glisser entre les 2 parties de la carte (alors qu'en réalité une des parties du ruban sera à l'extérieur). Quand vous découpez carte et ruban, placez la branche de ciseaux comme sur l'illustration.

Accessoires

Une carte à jouer
Un morceau de ruban
Une paire de ciseaux

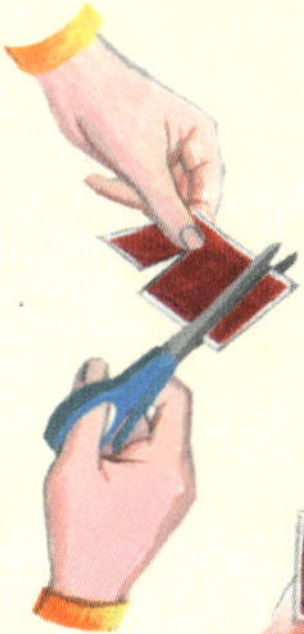

1. Commencez le tour en présentant le ruban à cheval sur la carte à jouer pliée.

2. Attrapez la carte à jouer avec le ruban en main gauche puis une paire de ciseaux en main droite. Découpez la carte et le ruban à l'aide de la paire de ciseaux. Un souffle magique et le ruban est raccommodé !

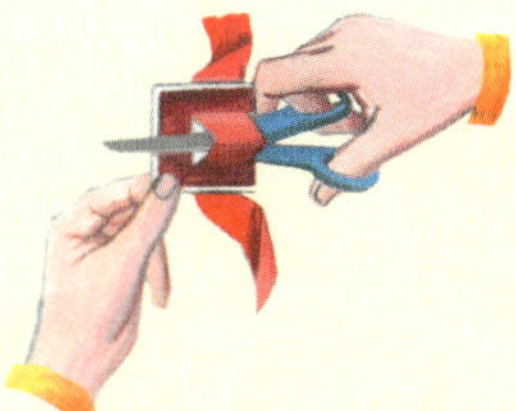

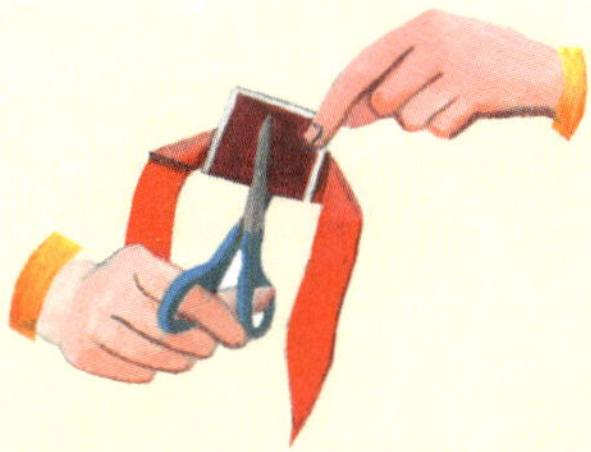

Les tours divers originaux

Les doigts magiques

UN SPECTATEUR TEND SES DEUX INDEX DANS VOTRE DIRECTION. SOUS L'INFLUENCE DE VOS PASSES MAGIQUES, LES DEUX DOIGTS DU SPECTATEUR SE RAPPROCHENT DE MANIÈRE INCOMPRÉHENSIBLE.

SECRET

Cette étonnante expérience est basée sur une particularité physique.

1. Demandez à un spectateur de joindre ses deux mains en croisant les doigts. Demandez-lui ensuite de tendre les deux index comme sur le dessin.

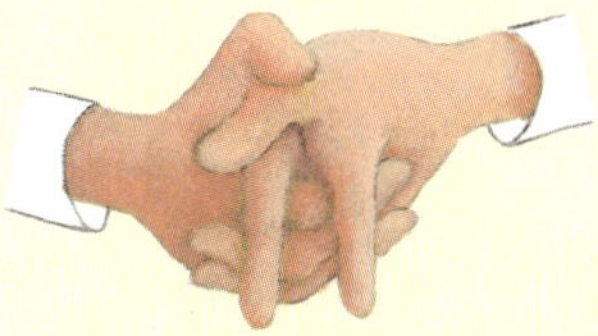

2. Dans cette position précise, il est difficile de tenir les deux index écartés.

3. Il vous suffira alors de faire quelques passes magiques et de demander à votre spectateur de ne pas résister à votre fluide pour que ses deux index se rejoignent tout naturellement.

La marque mystérieuse

UNE MARQUE APPARAÎT DANS LA MAIN D'UN SPECTATEUR.

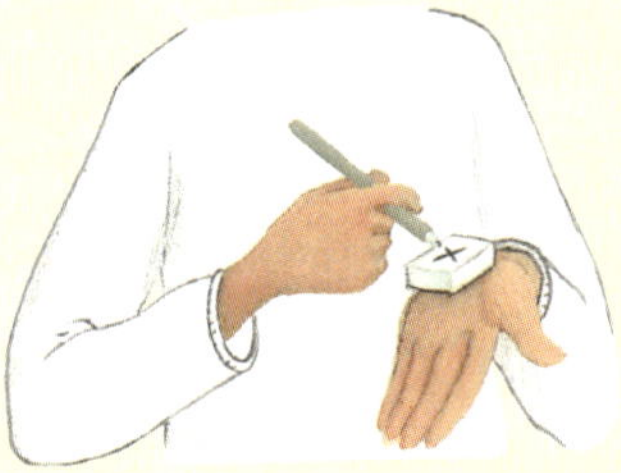

Accessoires
Un sucre
Un crayon
à papier gras

SECRET
Quand le magicien prend la mair
du spectateur, la marque mystérieu
s'inscrit sur la main de celui-ci sar
qu'il s'en aperçoive.

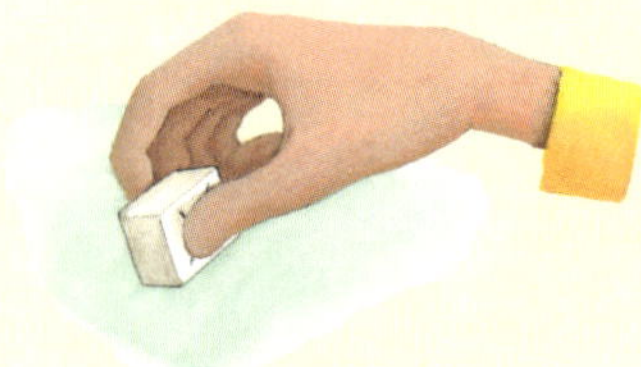

1. Donnez un sucre et un crayon à papier gras à un spectateur et demandez-lui d'inscrire sur le sucre la marque de son choix.

2. Récupérez le sucre marqué et profitez-en pou appliquer fortement votre pouce sur le sucre, de façon à ce que la marque s'imprime sur votre pouce.

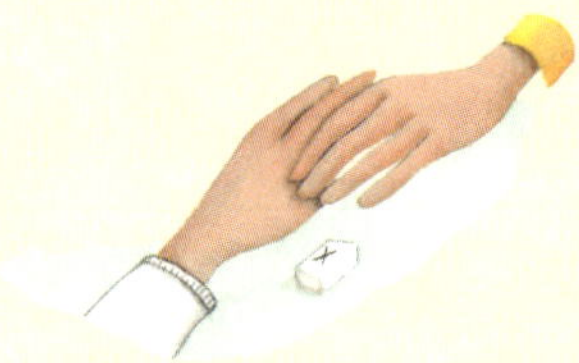

3. Attrapez maintenant la main du spectateur pour l'amener au-dessus du sucre et profitez-e pour appliquer votre pouce marqué contre la paume de sa main.

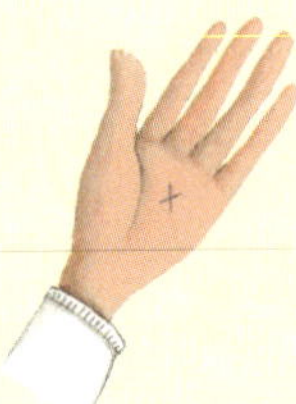

4. L'inscription s'imprime alors dans la main du spectateur. Simulez un voyage imaginaire du sucre jusqu'à la main du spectateur qui pourra alors découvrir la marque magique.

Le fantôme

UN SPECTATEUR SENT LA PRÉSENCE D'UN FANTÔME DERRIÈRE LUI !

SECRET

C'est grâce à une petite ruse que le spectateur croit sentir un fantôme derrière lui alors que ce n'est que vous.

1. Demandez à un spectateur de se tenir debout dans un coin de la pièce. Il n'y a bien entendu personne derrière lui.

2. Pointez vos deux index en direction de ses yeux et posez-les délicatement sur ses paupières fermées, juste après qu'il ait fermé les yeux.

3. Retirez vos index et demandez-lui d'ouvrir les yeux. Recommencez plusieurs fois cette opération.

4 Au bout d'un moment, au lieu de poser vos 2 index sur ses paupières, posez votre index et votre majeur de la même main.

5 Cela vous laissera une main libre pour taper dans le dos de votre spectateur, qui aura l'illusion d'une présence derrière lui.

L’élastique rompu

UN ÉLASTIQUE EST ROMPU PUIS RECONSTITUÉ.

SECRET
On donne simplement l’illusion de rompre l’élastique sans jamais le faire.

Accessoire
Un élastique

1. Attrapez l’élastique par un bout entre le pouce et l’index de la main gauche. Prenez l’autre bout et amenez-le dans votre main en le tenant à l’aide du petit doigt. On a alors l’impression que l’élastique passe autour des doigts de la main gauche.

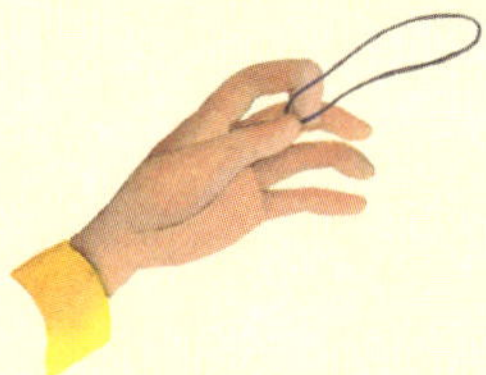

2. Attrapez avec votre main droite l’élastique de la main gauche et faites semblant de le rompre en tirant dessus.

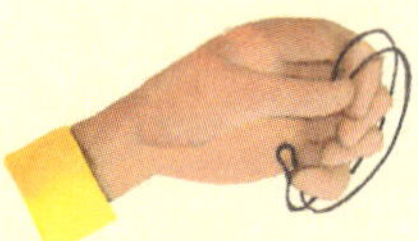

3. Pour restaurer l’élastique, il vous faut réunir vos 2 mains et simuler la reconstitution.

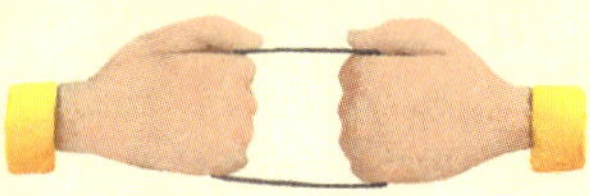

4. Ouvrez alors votre main droite : l’élastique apparaît intact, comme si vous l’aviez raccommodé.

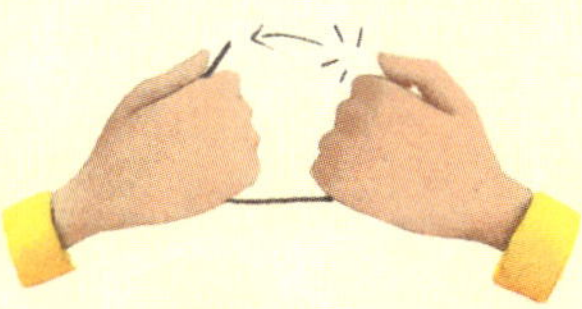

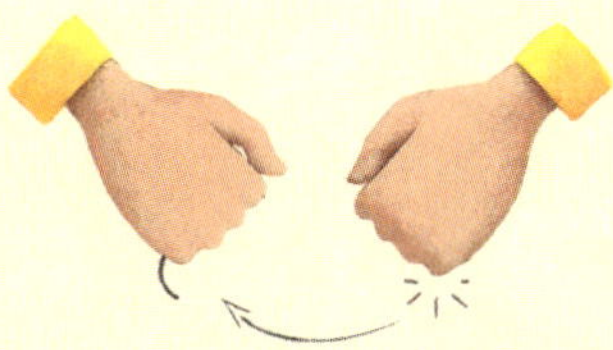

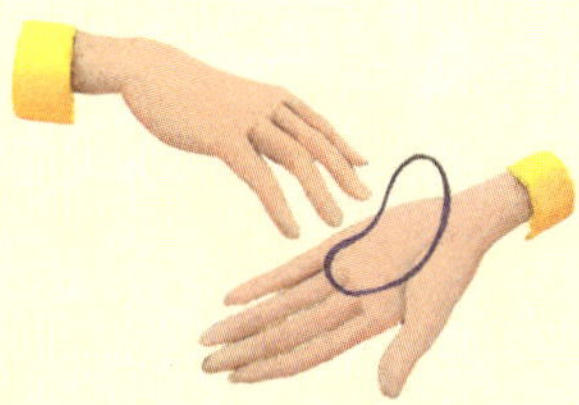

L'élastique fantôme

LE MAGICIEN TIENT DEUX ÉLASTIQUES ET FAIT DISPARAÎTRE L'UN D'ENTRE EUX.

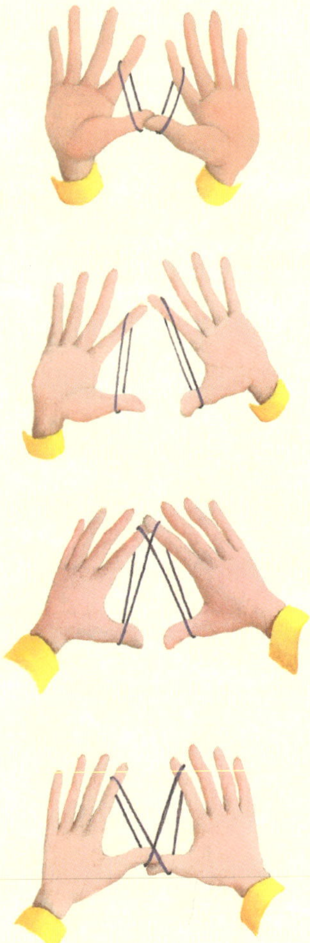

Accessoire
Un élastique

SECRET
Ce tour se fait en réalité avec un seul élastique. Le deuxième n'est qu'une illusion.

1. Prenez l'élastique et placez-le entre le pouce et l'index gauche. Placez maintenant à l'enver dans la boucle le pouce de la main droite cont l'index gauche et l'index droit contre le pouce gauche.

2. Faites maintenant pivoter la main droite de manière que les 2 mains soient dans le même sens, pouce contre pouce, index contre index.

3. Faites encore pivoter la main droite de maniè à obtenir une sorte de croix, ce qui donne l'illusion au spectateur de voir 2 élastiques.

4. Ensuite, faites-en disparaître un en retirant rapidement les doigts de la main droite.

Le sucre voyageur

UN SUCRE VOYAGE D'UNE MAIN À UNE AUTRE.

SECRET
Il vous faut un troisième sucre secret pour réussir cette téléportation.

Accessoire
Trois sucres

1. Placez 2 morceaux de sucre sur une table. Un troisième est caché dans votre paume droite à l'empalmage (voir p.125).

2. Déplacez plusieurs fois les 2 sucres devant votre public, puis posez vos 2 mains sur les 2 sucres. Une fois les mains posées, faites retomber le sucre caché à l'empalmage à côté de l'autre sous la main droite et empalmez le sucre qui se trouve sous la main gauche.

3. Quand vous aurez soulevé vos deux mains, on aura l'illusion qu'un sucre a voyagé d'une main à une autre.

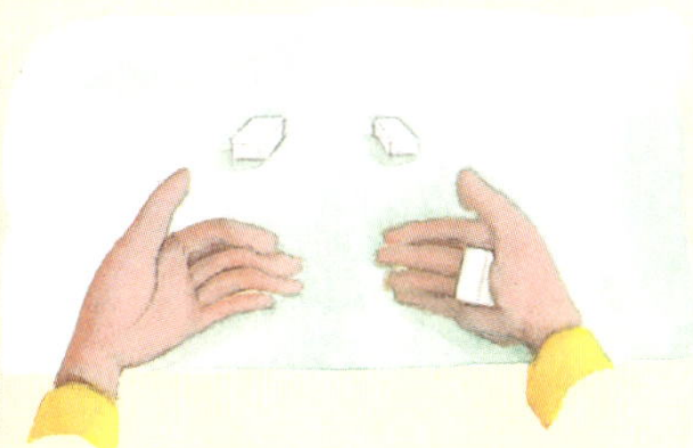

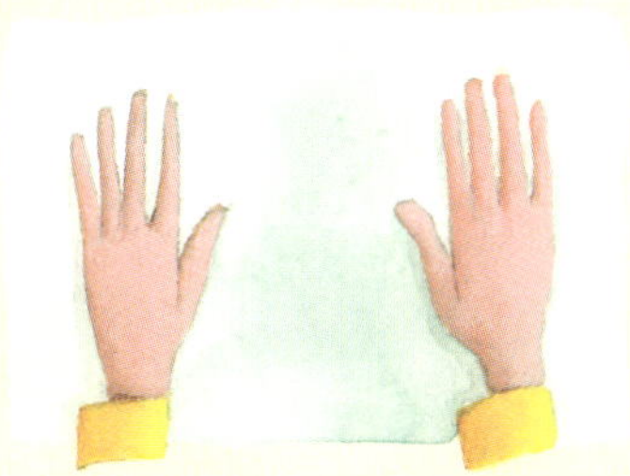

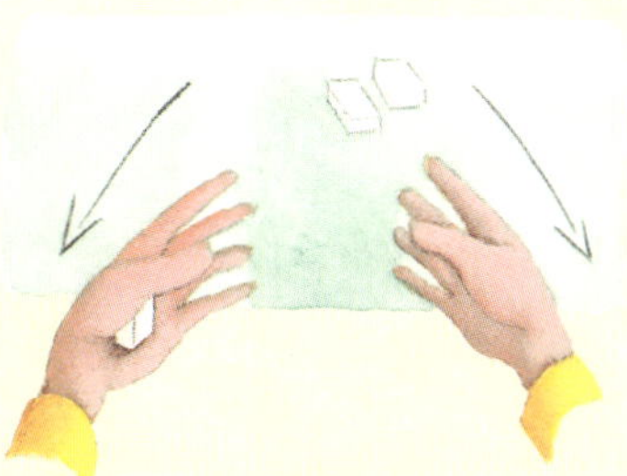

La disparition

CET EFFET TERMINE FORMIDABLEMENT LE TOUR PRÉCÉDENT.

SECRET
Le sucre est lâché discrètement sur vos genoux.

Accessoire
Un sucre

1. Pour bien réussir ce tour, il est nécessaire de poser la main, qui tient le sucre, contre le bord de la table de manière que, quand on lâche le sucre, celui-ci tombe sur vos genoux sans être visible.

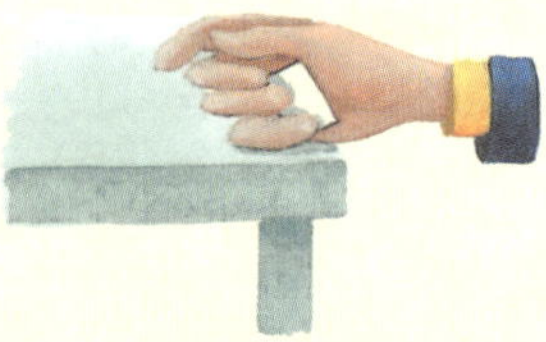

2. Pour mieux dissimuler cette action, il est préférable de bouger l'autre main au moment où on lâche le sucre sur les genoux...

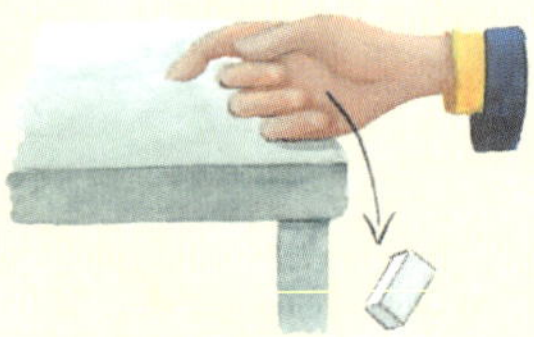

Les 4 sucres voyageurs

QUATRE SUCRES VOYAGENT MYSTÉRIEUSEMENT SOUS VOS MAINS.

Accessoires
Cinq sucres

SECRET

C'est un cinquième sucre secret qui vous permet ce grand classique.

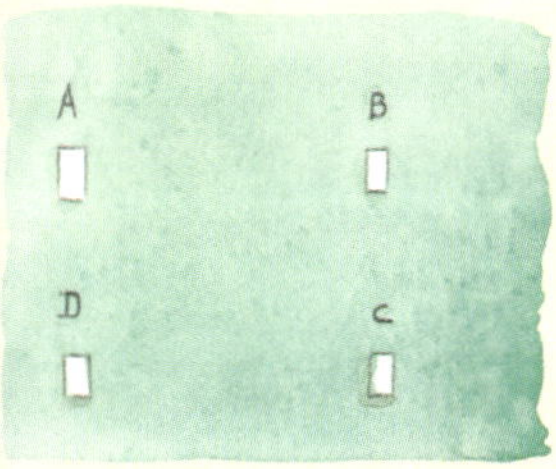

1. Placez 4 morceaux de sucre sur une table en formant un carré : A, B, C, D.
Vous avez un cinquième sucre secret empalmé (voir p. 125) dans votre paume droite.

2. Posez votre main droite sur le sucre A et votre main gauche sur le sucre C. Déposez le sucre empalmé dans la main droite à côté du sucre A. Dans le même temps, empalmez le sucre C en main gauche.

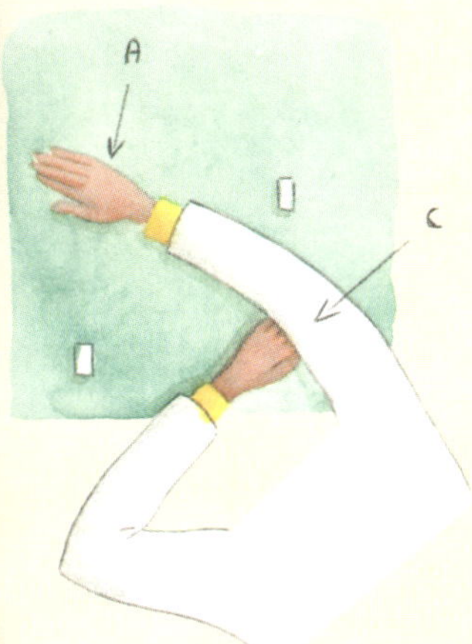

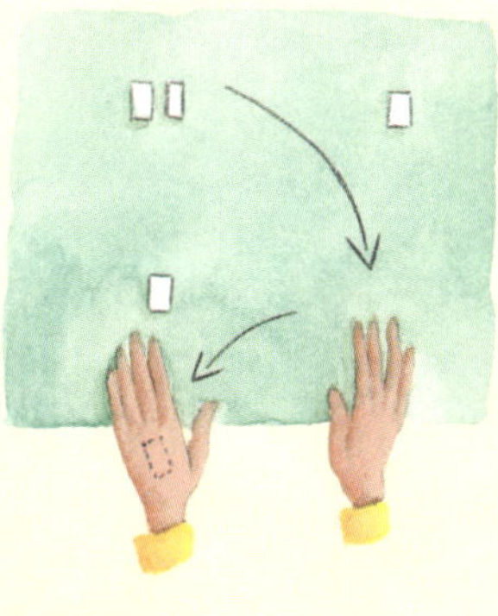

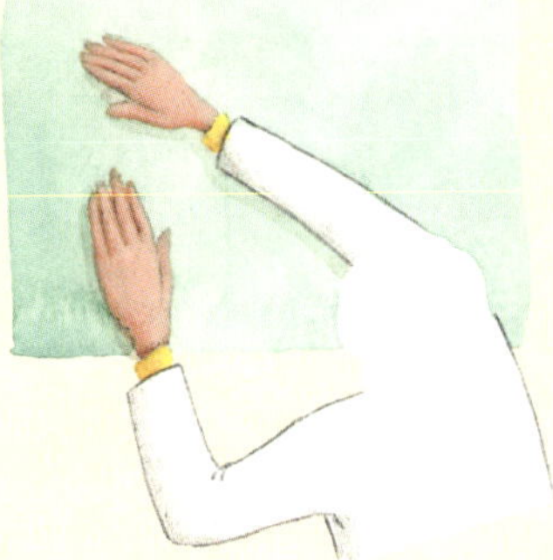

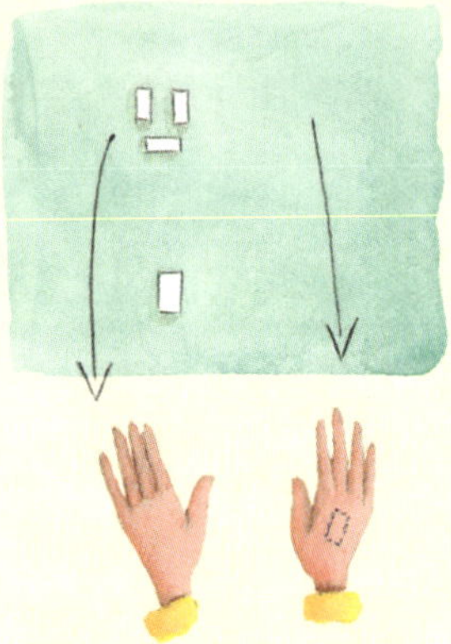

3 Répétez ensuite la même opération en faisant le tour des sucres :

Posez votre main gauche sur A et votre main droite sur B.

Déposez le sucre empalmé de la main gauche et empalmez le sucre en main droite.

Posez la main droite sur A et la main gauche sur D.

Déposez le sucre de la main droite et empalmez le sucre en main gauche.

On aura ainsi l'illusion que les sucres voyagent d'une main à une autre.

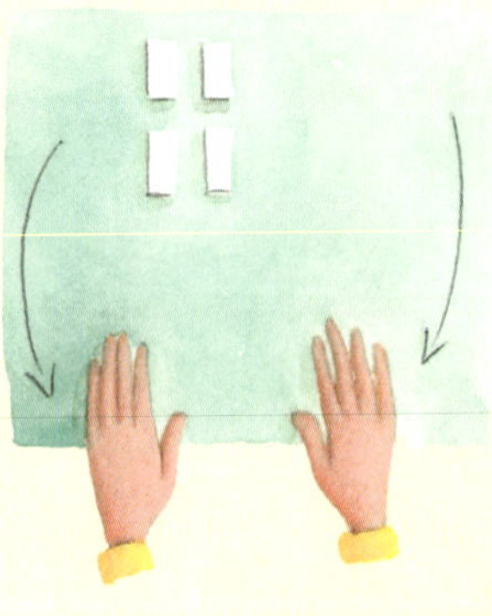

Apparition d'un foulard dans une casquette

UN PETIT FOULARD APPARAÎT À L'INTÉRIEUR D'UNE CASQUETTE.

SECRET

C'est une manipulation qui permet de glisser le petit foulard dans la casquette.

Accessoires

Une casquette
Un petit foulard

1. Commencez par enrouler le petit foulard autour de deux doigts.

2. Vous obtenez un petit rouleau que vous cachez dans votre main droite.
Placez la casquette sur votre tête et vous êtes prêt à présenter le tour...

3. Attrapez la visière de votre casquette avec la main droite, qui cache le petit foulard.

4. Retirez votre casquette avec la main droite et présentez l'intérieur vide avec votre main gauche.

5. Attrapez maintenant la casquette avec la main gauche et plongez la main droite à l'intérieur.

6. Il ne vous reste qu'à lâcher le petit foulard et le sortir de la casquette avec cette même main.

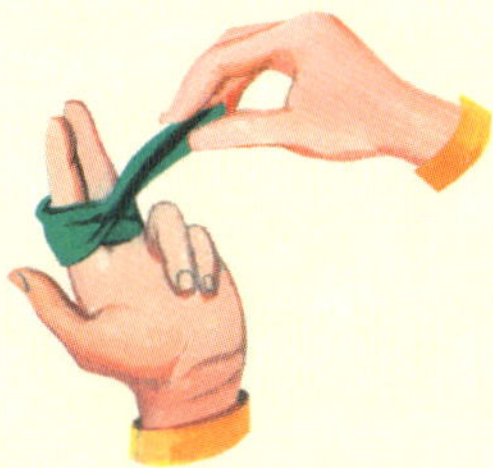

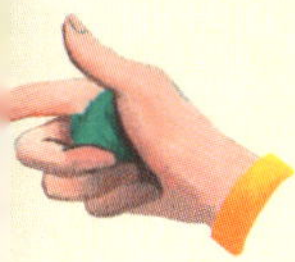

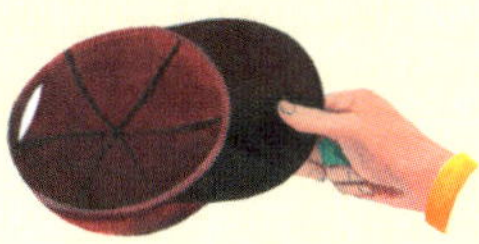

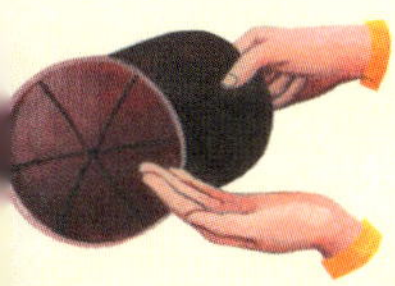

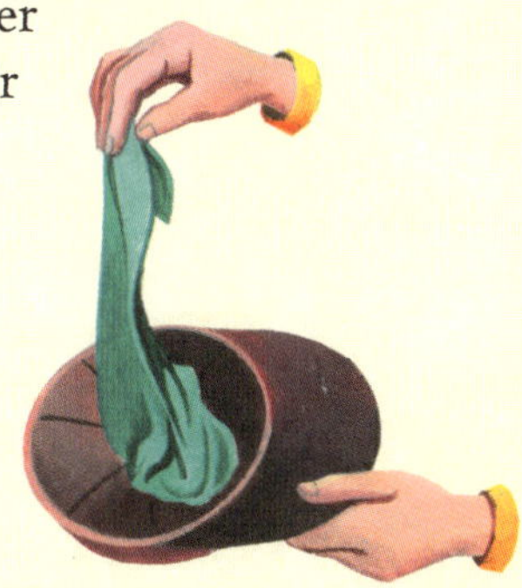

Apparition d'une pièce dans une casquette

UNE CASQUETTE EST MONTRÉE VIDE...
UNE PIÈCE APPARAÎT À L'INTÉRIEUR.

SECRET

C'est une manipulation qui permet de glisser la pièce dans la casquette.

Accessoires

Une casquette
Une pièce de monnaie

1. Commencez par attraper la casquette avec la main droite en dissimulant la pièce entre la casquette et vos doigts.

2. Présentez l'intérieur de la casquette vide.

3. Faites semblant maintenant d'attraper une pièce en l'air avec votre main gauche.

4. Profitez-en pour laisser glisser discrètement la pièce cachée dans votre main droite au fond de la casquette. Faites maintenant semblant de lancer la pièce invisible de votre main gauche en l'air et de la rattraper dans la casquette.

5. Pour renforcer cette illusion, il faut claquer des doigts de la main droite tout en continuant à tenir la casquette.

6. Il ne vous reste qu'à plonger votre main droite dans la casquette et en sortir la pièce qui est devenue visible.

Prédiction par iPhone

DES NOMBRES TAPÉS AU HASARD SUR LA CALCULATRICE DE VOTRE *i*PHONE SONT ADDITIONNÉS ET DONNENT UN RÉSULTAT QUE VOUS AVIEZ PRÉVU.

SECRET

C'est une préparation secrète sur votre iPhone qui permet ce résultat...

Accessoire

Un iPhone

1. Commencez par préparer votre iPhone de la manière suivante. Allez sur la calculatrice en mode portrait.

2. Basculez en mode paysage en pivotant votre iPhone : vous verrez alors apparaître en haut à gauche le signe « (». Tapez un nombre de prédiction (par exemple 67) puis tapez + puis O puis X puis (.

3. Après toutes ces opérations, la calculatrice donnera l'impression d'être sur O. Inscrivez dans une enveloppe de prédiction le nombre que vous avez choisi (par exemple 67).

Vous commencez le tour en donnant votre iPhone sur la calculatrice en mode portrait à un spectateur, et l'enveloppe de prédiction à un autre spectateur. Demandez maintenant au premier spectateur de taper un nombre de son choix entre 10 et 20 sur la calculatrice et de passer l'iPhone à un autre spectateur. Cet autre spectateur tape sur + et un nombre de son choix entre 10 et 20 et ainsi de suite. Après 3 ou 4 spectateurs, vous récupérez l'iPhone et tapez bien visiblement sur =. Un nombre s'inscrit, il s'agit de votre nombre de prédiction. Il ne vous reste qu'à faire ouvrir l'enveloppe de prédiction pour contrôler le bon résultat.

Calcul magique

VOUS DEVINEZ LE NOMBRE CHOISI PAR UN SPECTATEUR
APRÈS UNE SÉRIE D'OPÉRATIONS.

SECRET
C'est une opération discrète qui vous permettra de lire le nombre de votre spectateur.

Accessoire
Un téléphone portable

1. Mettez votre téléphone portable en mode calculatrice et prêtez-le à votre spectateur. Demandez-lui de choisir, sans le dire, un nombr et de le taper sur la calculatrice, exemple : 99. Puis, faites-le effectuer les opérations suivantes

2. Multiplier par 5 et appuyer sur =. Il obtient 49

3. Ajouter 6 et appuyer sur =. Il obtient 501.

4. Multiplier par 4 et appuyer sur =. Il obtient 2 00

5. Ajouter 9 et appuyer sur =. Il obtient 2 013.

6. Multiplier par 5 et appuyer sur =. Il obtient 10 0

7. Vous reprenez la calculatrice et montrez que le résultat est trop compliqué pour retrouver le nombre de départ… Pourtant, tapez discrètem - 165 et repérez le nombre qui apparaît sans ter compte des 2 derniers zéros… Il s'agit de 99. Retenez ce nombre 99 sans le laisser voir à vos spectateurs. Faites maintenant semblant de vous concentrer, puis annoncez « 99 », le premier nombre choisi par le spectateur.

iPhone dans un ballon

COMMENT FAIRE ENTRER MAGIQUEMENT VOTRE TÉLÉPHONE À L'INTÉRIEUR D'UN BALLON.

SECRET
C'est une illusion, le téléphone ne rentre pas vraiment dans le ballon.

Accessoires
Un iPhone
Un ballon

1. Commencez par gonfler un ballon et tenez-le dans votre main droite.

2. Placez ensuite votre main gauche avec le téléphone sous le ballon en exerçant une légère pression sur celui-ci.

3. Relâchez ensuite l'ouverture du ballon et appuyez dessus avec votre main droite en accompagnant le ballon qui se dégonfle et qui viendra entourer votre téléphone.

4. On aura l'illusion que le téléphone est entré à l'intérieur du ballon.

5. Attention à ne pas montrer l'arrière du téléphone, car on s'apercevrait nettement de la supercherie !

Avant de réussir le tour, il vous faut exécuter une bonne dizaine de fois la manipulation pour réussir à synchroniser le dégonflement du ballon et la pression à exercer pour qu'il entoure parfaitement le téléphone.
À vous de jouer et gardez bien votre secret !

Comment trouver le code d'un iPhone ?

VOUS DÉCOUVREZ LE CODE DE L'*i*PHONE DE VOTRE SPECTATEUR.

SECRET
Une manipulation secrète vous permettra de faire apparaître le code de votre spectateur...

Accessoire
Un iPhone

1. Demandez à votre spectateur de déverrouiller le téléphone puis d'aller sur la calculatrice et de rentrer son code permettant de déverrouiller le téléphone (par exemple 1 234).

2. Demandez-lui ensuite de taper le signe + suivi d'un nombre quelconque de son choix à 4 chiffres et enfin d'appuyer sur la touche C afin de tout effacer.
Maintenant l'écran affiche : 0...
Vous n'avez a priori aucun moyen de connaître son code...
Pourtant, il vous suffit de récupérer le téléphone, d'appuyer sur = pour que son code apparaisse, de le mémoriser et d'appuyer sur la touche C pour qu'il disparaisse aussitôt.
Bien entendu, vous devez exécuter cette manipulation discrètement. Vous connaissez maintenant le code du téléphone de votre spectateur.

3. Coupez le téléphone, puis rallumez-le et concentrez-vous avant de taper son code comme par magie...

Les curiosités

L'étoile magique

COMMENT FAIRE UNE ÉTOILE EN UN COUP DE CISEAUX ?

SECRET
Un rectangle de papier, quelques pliages et le tour est joué !

Accessoires
Une paire de ciseaux
Une feuille de papier

1. Pliez le papier en 2 dans le sens de la largeur. Placez la pliure à gauche et pliez le bas de façon que l'angle A soit deux fois plus grand que l'angle B.

2. Repliez maintenant la partie haute puis l'ensemble en 2, comme sur le dessin.

3. Il ne vous reste qu'à couper suivant les pointillés du dessin et à déplier le papier pour obtenir l'étoile !

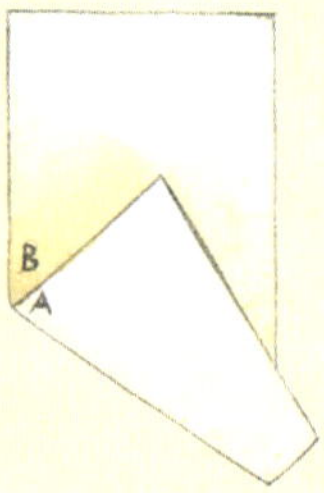

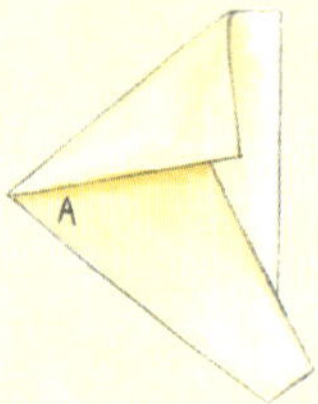

L'œuf et la carafe

COMMENT FAIRE PASSER UN ŒUF DANS UNE CARAFE ?

Accessoires
Une carafe à goulot assez large
Un œuf dur épluché

SECRET
Procurez-vous une carafe à goulot assez large et un œuf dur épluché.

1. Prenez un petit morceau de coton et tenez-le à l'aide d'une pince à épiler.

2. Versez 2 à 3 gouttes d'alcool à 90° sur le coton et enflammez-le.

3. Glissez le coton enflammé dans la carafe et posez immédiatement l'œuf sur le goulot.

4. Il ne vous reste qu'à observer l'étrange phénomène qui, après avoir étiré l'œuf, l'attirera à l'intérieur de la carafe de manière spectaculaire.

À travers le petit trou

COMMENT FAIRE PASSER UNE GROSSE PIÈCE À TRAVERS UN PETIT TROU ?

SECRET
Il suffit d'un pliage malin
pour réussir ce tour.

Accessoires
Une petite et une grosse pièce
Une feuille de papier

1. Tracez un cercle au centre d'une feuille de papier en utilisant une petite pièce. Découpez ce cercle de manière à obtenir un trou au centre de la feuille.

2. Pliez la feuille en 2 en suivant le diamètre du trou. Glissez la grosse pièce à l'intérieur du papier et tirez doucement sur le papier de chaque côté du trou.

3. Le diamètre d'ouverture s'allongera sensiblement et laissera passer la grosse pièce.

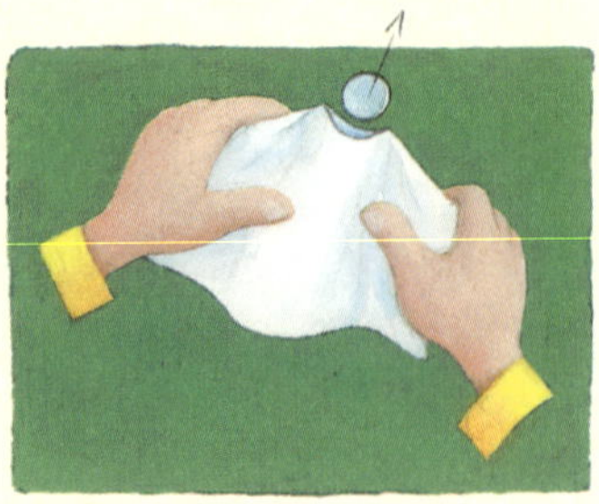

Le sucre enflammé

COMMENT ENFLAMMER UN SUCRE ?

Accessoires
Un sucre
De la cendre

SECRET
Un peu de cendre
et quelques flammes s'élèveront !

Si vous appliquez une flamme directement sur un morceau de sucre, il vous sera impossible de l'enflammer.
En revanche, si vous écrasez un peu de cendre de cigarette sur ce même morceau de sucre, il vous sera facile de l'enflammer en appliquant la flamme contre ce point de cendre.

L’encre invisible

COMMENT ENVOYER UN MESSAGE SECRET À UN AMI ?

SECRET

Il faut utiliser une encre sympathique qui a la propriété d’être invisible et que votre correspondant pourra révéler.

Accessoires

Du jus de citron
Un pinceau fin
Une feuille de papier

1 La plus simple des encres sympathiques est sans nul doute le jus de citron. Recueillez un peu de jus de citron dans une coupelle et écrivez votre message secret à l’aide d’un pinceau fin.

2 Une fois le message séché, il suffira de faire chauffer le papier au-dessus d’une flamme, sans le brûler, en un mouvement de va-et-vient, pour qu’il réapparaisse.

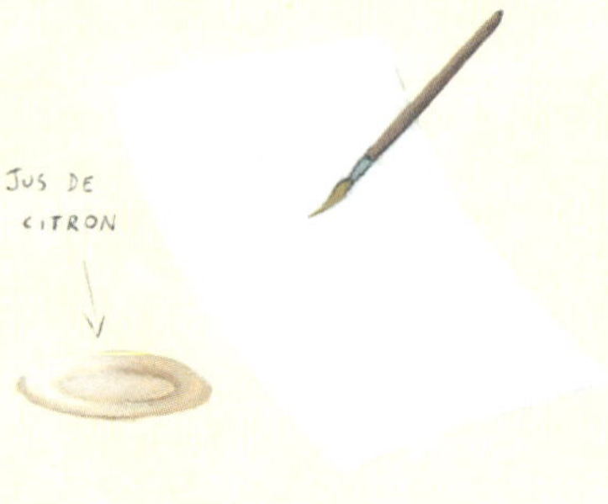

Passe-muraille

COMMENT FAIRE PASSER UNE PIÈCE DE MONNAIE
À TRAVERS UNE MEMBRANE DE CAOUTCHOUC ?

Accessoires
Deux pièces de monnaie différentes
Une membrane de latex

SECRET
Vous avez besoin de 2 pièces de monnaie différentes et d'une membrane de latex que vous trouverez chez un fabricant de latex ou que vous découperez dans une paire de gants en latex.

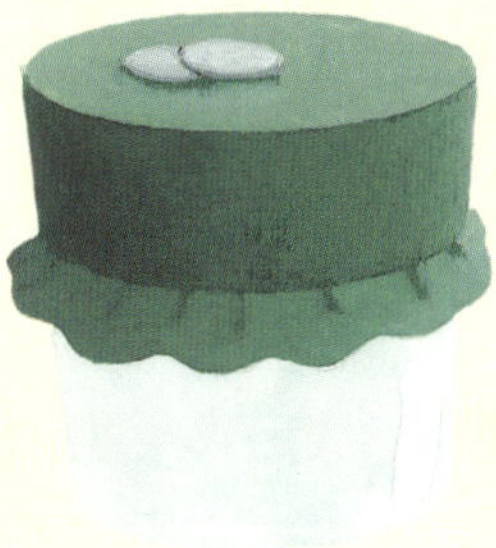

1. Tendez fortement le latex jusqu'à ce qu'il devienne transparent et posez une des pièces par-dessus. Quand vous relâcherez le latex, celui-ci recouvrira la pièce, mais restera invisible pour le public.

2. Retournez la membrane de latex pour que la pièce se retrouve en dessous. Posez la membrane sur un verre et maintenez-la à l'aide d'un élastique, comme sur le dessin.

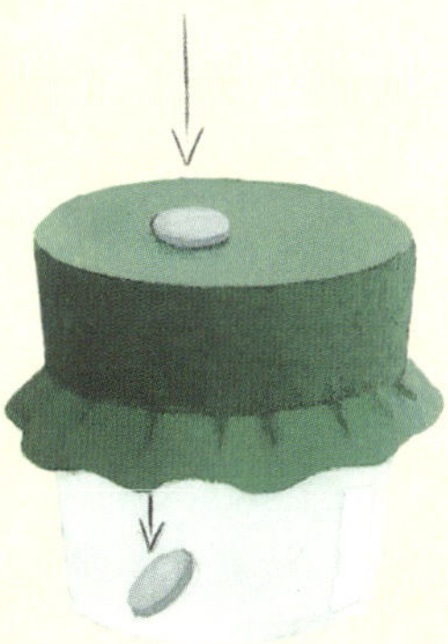

3. Ensuite, posez la seconde pièce sur la pièce recouverte par le latex.
Votre spectateur aura l'impression de voir les deux pièces ensemble sur la membrane. Mais quand vous appuierez sur la pièce du dessus, celle du dessous sera relâchée par la membrane et donnera l'illusion de passer à travers le latex.

Le ballon increvable

COMMENT TRANSPERCER UN BALLON À L'AIDE D'UNE GROSSE AIGUILLE SANS QU'IL N'ÉCLATE ?

SECRET

C'est une solution simple mais efficace qui permet de le faire : il suffit de coller sur le ballon gonflé un morceau de ruban adhésif invisible.

Accessoires

Un ballon
Une aiguille à tricoter
Du ruban adhésif

1. Collez un morceau de ruban adhésif de part et d'autre du ballon. Transpercez le ballon à l'aide d'une aiguille en la plantant bien à l'endroit où vous avez collé le ruban adhésif.

2. Lorsque vous retirerez l'aiguille, le ballon se dégonflera lentement...

3. Faites-le alors éclater en le piquant à un autre endroit.

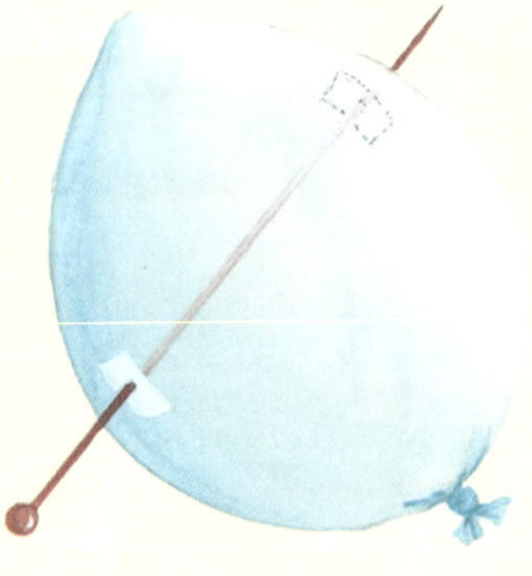

Les ballons obéissants

COMMENT FAIRE ADHÉRER DES BALLONS CONTRE UN MUR SANS ATTACHE ?

Accessoires
Des ballons

SECRET
C'est un phénomène d'électricité statique qui vous permettra de réussir cette étonnante performance.

Munissez-vous de ballons de baudruche. Gonflez-les et frottez-les vigoureusement contre vos vêtements. Ils se chargeront d'électricité statique.

Il suffira de les appuyer délicatement contre un mur pour qu'ils tiennent comme par magie.

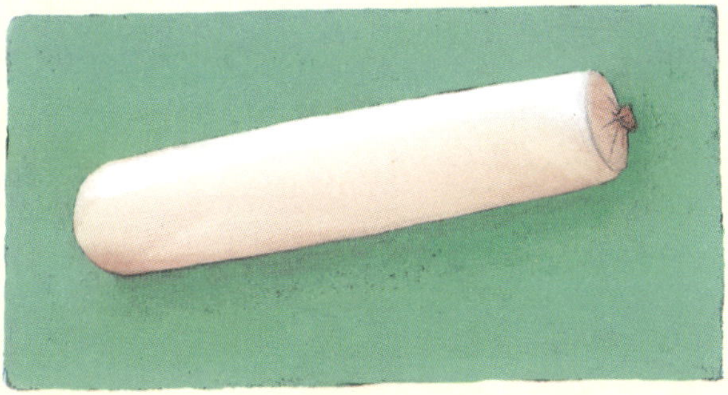

Le nœud spirite

COMMENT DÉNOUER UN NŒUD PAR LA FORCE DE LA PENSÉE ?

SECRET

Il s'agit bien sûr d'un nœud spécial qui se dénouera seul ou presque quand vous tirerez légèrement et invisiblement dessus.

Accessoire
Un foulard

1. Munissez-vous d'un foulard et prenez une extrémité en main droite et l'autre en main gauche.

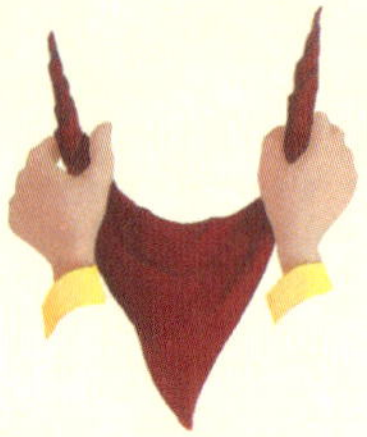

2. Croisez d'abord une première fois les extrémité puis une seconde fois comme sur le dessin.

3. Tout en maintenant ce double croisement avec vos 2 mains, faites un simple nœud par-dessus. Serrez-le bien. Descendez ensuite vos mains pour attraper délicatement les deux pans du foulard en dessous du nœud.

4. Si vous tirez tout doucement et discrètement sur les pans, le nœud se dénouera comme s'il était soumis à une force spirite.

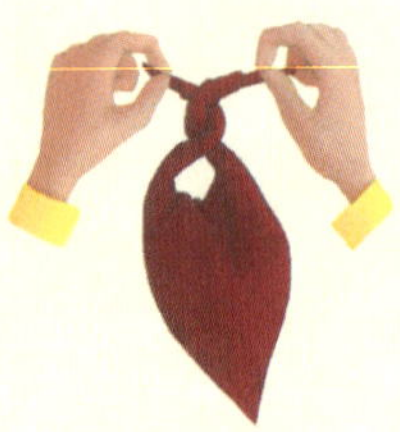

L'élastique libéré

COMMENT LIBÉRER UN ÉLASTIQUE DE SON DOIGT
ALORS QU'UN SPECTATEUR LE TIENT ?

Accessoire
Un élastique

SECRET
Vous serez amusés de tenter cette étonnante évasion.

1. Prenez un élastique et placez-le autour de l'index de votre main gauche. Faites-le passer derrière votre majeur et ramenez-le en avant comme sur le dessin. Passez-le ensuite à nouveau sur votre index.

2. Demandez maintenant à un spectateur de tenir l'extrémité de votre index. Pour libérer l'élastique sans que le spectateur ne lâche votre index, il vous suffira de dégager votre majeur.

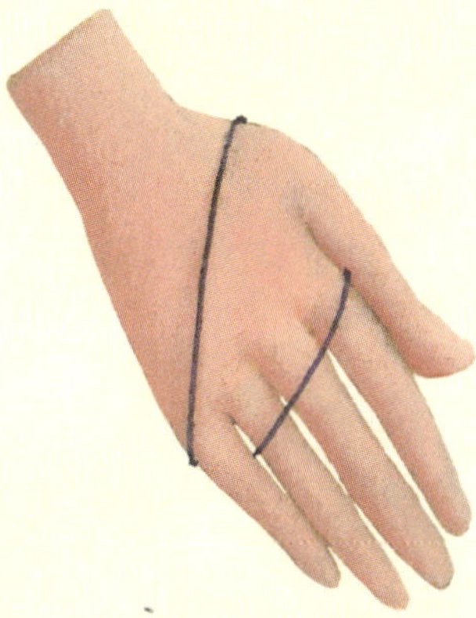

La flamme volante

COMMENT RALLUMER UNE BOUGIE ÉTEINTE SANS ALLUMER LA MÈCHE ?

SECRET

Allumez et soufflez une bougie. Vous remarquerez qu'il s'élève de la mèche une petite colonne de fumée. Elle est constituée d'un gaz inflammable.

Accessoire

Une bougie

Allumez une allumette et approchez-la de cette colonne de fumée.
Dès son contact, vous verrez la flamme sauter sur la mèche comme par magie.

Le conditionnement

COMMENT INFLUENCER LA RÉPONSE D'UN SPECTATEUR ?

SECRET
Il faut obliger le spectateur à donner très rapidement la même réponse.

Demandez à un spectateur de répondre très rapidement aux questions suivantes :
– Que boit-on le matin avec du café ?
– Que boit un bébé ?
– Que boit une vache ?

Si les questions se suivent rapidement et que le spectateur répond tout aussi rapidement, il répondra aux 3 questions : « du lait ».

Vous pouvez alors lui faire remarquer qu'une vache produit du lait mais ne le boit pas ! Elle boit de l'eau !

La traversée

COMMENT FAIRE PASSER UN GOBELET À TRAVERS UN SECOND ?

SECRET
C'est une illusion d'optique
qui permet cela.

Accessoires
Deux gobelets

1. Prenez un gobelet dans chaque main. Amenez le gobelet de la main droite par-dessus celui de la main gauche.

2. Tenez le gobelet de la main droite entre le pouce et le majeur.
Lâchez-le pour qu'il tombe dans celui de la main gauche.

3. Très vite, il faut maintenant lâcher le gobelet de la main gauche qui rattrape aussitôt l'autre gobelet.
Le premier tombe et le second se trouve à sa place.

La flottaison

COMMENT FAIRE FLOTTER UNE AIGUILLE SUR DE L'EAU ?

Accessoires
Un verre d'eau
Une aiguille
Du papier à cigarette

SECRET
Si vous lâchez une aiguille dans un verre d'eau, elle coulera. À moins de connaître l'astuce suivante.

1. Posez sur la surface de l'eau une feuille de papier à cigarette.

2. Posez maintenant délicatement l'aiguille sur la feuille de papier. L'aiguille flottera. Ensuite, vous devez appuyer tout doucement et plusieurs fois, à l'aide d'une pointe, sur la feuille de cigarette, qui coulera. Mais l'aiguille, elle, continuera de flotter !

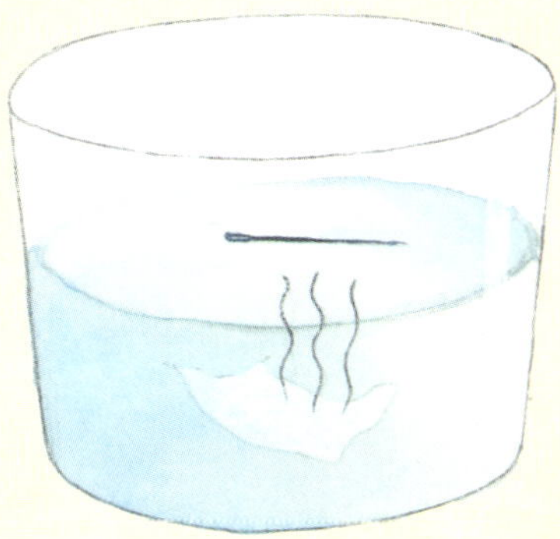

L'attraction

COMMENT PROVOQUER UN MOUVEMENT INVOLONTAIRE SUR LES BRAS DE VOTRE SPECTATEUR ?

SECRET
Il s'agit là d'un phénomène physique naturel.

1 Demandez à votre spectateur de tendre les bras paumes vers le haut. Il doit tenir ses bras bien tendus.

2 Appuyez maintenant fortement sur ses paumes et demandez-lui de résister à cette pression.

3 Recommencez plusieurs fois l'opération. Au bout d'un moment, au lieu d'appuyer, lâchez ses mains en faisant un geste magique. Celles-ci s'élèveront alors très nettement vers le haut.

Le glaçon

COMMENT SOULEVER UN GLAÇON À L'AIDE D'UN SIMPLE FIL ?

Accessoires
Un glaçon
Un fil
Du sel fin

SECRET
Encore une petite astuce pour vous permettre de réaliser ce numéro étonnant.

1 Munissez-vous d'un fil et d'un glaçon. Posez le milieu du fil sur le glaçon. Ensuite, saupoudrez de sel fin le fil et le glaçon.

2 Le sel fait légèrement fondre le glaçon et le fil se colle solidement au glaçon. Vous pouvez alors soulever le glaçon à l'aide du fil.

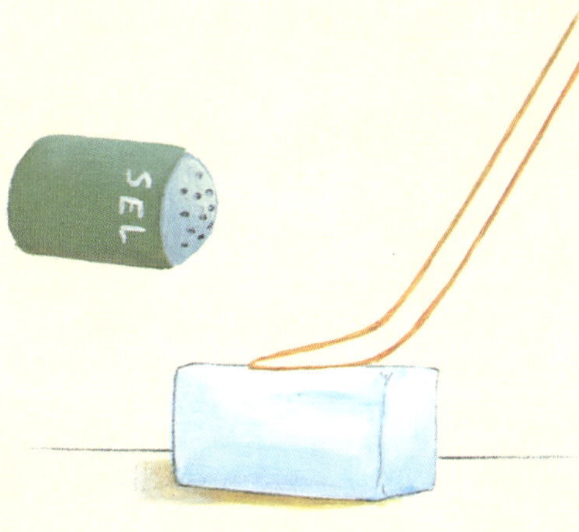

Les trombones sympathiques

COMMENT ENCLAVER 2 TROMBONES SANS LES TOUCHER ?

SECRET

Utilisez 2 trombones
et un billet de banque.

Accessoires

Deux trombones
Un billet de banque

1. Pliez le billet de banque en 3 de manière à former un Z, comme sur le dessin.

2. Placez le premier trombone à cheval sur la partie centrale du billet et la partie extérieure droite du billet.

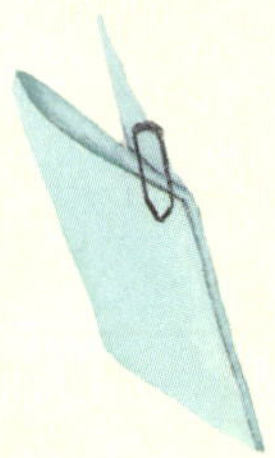

3. Placez le second trombone à cheval sur la partie centra du billet et la partie intérieure gauche du billet.

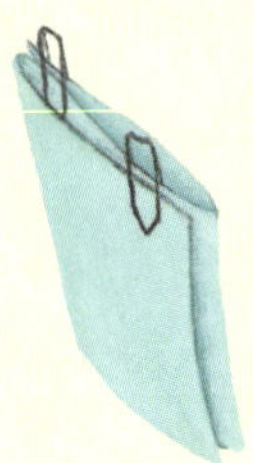

4. Il ne vous reste qu'à tirer sur le billet en l'attrapant par ses 2 extrémités afin de le déplier. Les 2 trombones seront projetés en l'air et se retrouveront enclavés.

Les gobelets

DES PETITES BALLES EN ÉPONGE PASSENT MYSTÉRIEUSEMENT D'UN GOBELET À UN AUTRE.

SECRET

C'est une petite balle en éponge supplémentaire qui permet ce grand classique de la prestidigitation.

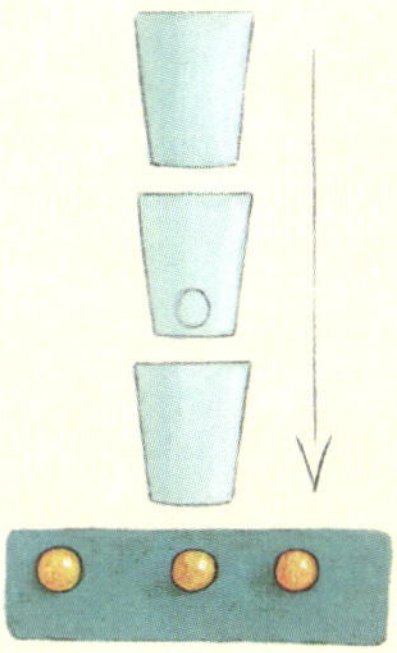

Accessoires

Trois gobelets pouvant entrer les uns dans les autres
Quatre petites balles en éponge

Préparation du matériel

Placez secrètement une petite balle dans l'un des gobelets puis placez le deuxième gobelet au-dessus et le deuxième en dessous.

1 Commencez par présenter 3 gobelets vides à votre public. Pour cela, tenez vos 3 gobelets ensemble en main gauche et ouvertures vers le bas. Présentez l'intérieur du premier gobelet en soulevant les 3 gobelets ensemble, puis ramenez les ouvertures vers vous. Prenez avec la main droite le gobelet du dessus et posez-le sur la table dans un mouvement rapide.

2 Sans marquer d'arrêt, présentez l'intérieur du second gobelet en soulevant les 2 gobelets restants avec la main gauche.
En réalité, c'est toujours le même intérieur de gobelet que vous montrez...Mais personne ne le remarquera.

Ramenez alors les 2 gobelets ouvertures vers vous, puis prenez avec la main droite le gobelet du dessus et posez-le sur la table à côté du premier. Dans ce mouvement, la petite balle en éponge secrète sera emportée par le gobelet et restera cachée du public.

3 Présentez alors l'intérieur du troisième gobelet, puis posez-le à côté du second.
L'ensemble de ces manipulations donnera l'illusion de poser sur la table 3 gobelets vides alors qu'une petite balle en éponge se trouve déjà à l'intérieur du gobelet central.
Sortez maintenant les 3 autres petites balles en éponge et placez-en une devant chaque gobelet.

4 Le véritable effet de passe-passe débute ici. Prenez une petite balle et placez-la sur le gobelet central.

Prenez alors les 2 autres gobelets et posez-les sur le gobelet central et la petite balle.

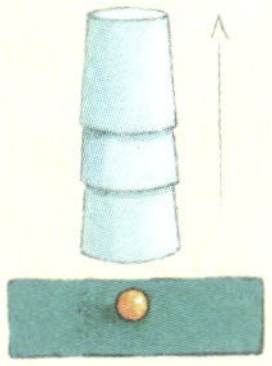

Faites une passe magique en direction des gobelets et soulevez-les ensemble avec votre main gauche. Une petite balle apparaît dessous comme si elle avait traversé les gobelets.

5 Retournez l'ensemble des gobelets, ouvertures vers le haut, tout en les maintenant dans la main gauche.

Avec votre main droite, attrapez le gobelet du dessous et retournez-le sur la table.

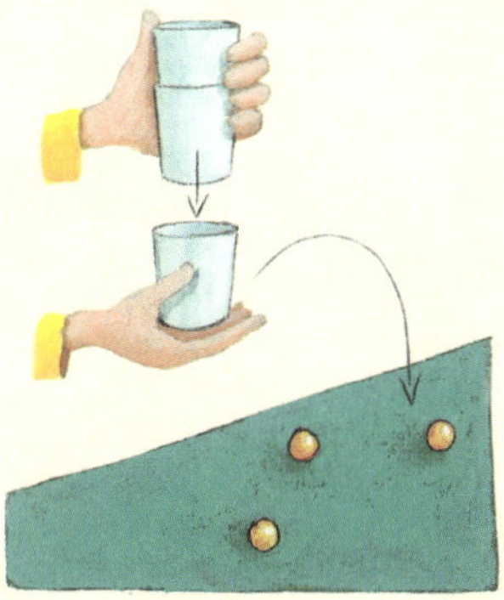

6 Toujours avec votre main droite, attrapez le second gobelet du dessous et retournez-le sur la table à côté du premier, sur la première petite balle qui a traversé le gobelet.
Dans ce mouvement, une seconde petite balle secrète vient rejoindre la première.

Attrapez alors le troisième gobelet et retournez-l
sur la table à côté des 2 autres...

7 Prenez alors une seconde petite balle et, comme précédemment, posez-la sur le gobelet central.

Posez ensuite par-dessus les 2 autres gobelets.

Une nouvelle passe magique en direction des gobelets... et soulevez les 3 ensemble avec votre main gauche pour laisser apparaître le passage de la seconde balle.

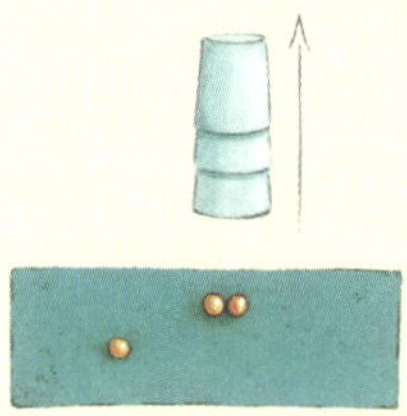

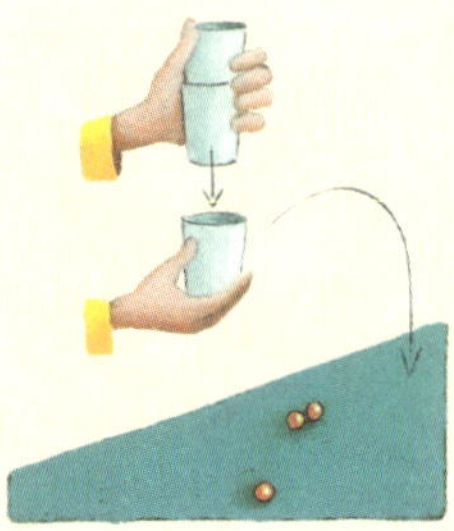

8 Retournez une nouvelle fois vos 3 gobelets ensemble, ouvertures vers le haut, en main gauche, puis recommencez les opérations.

Prenez le gobelet du dessous avec votre main droite et retournez-le en le posant sur la table, de la même manière.

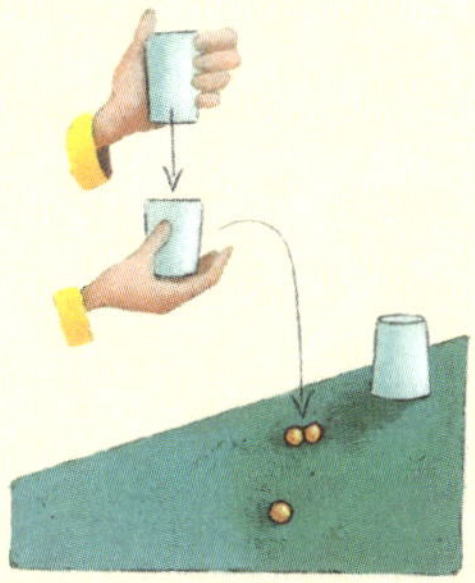

Prenez le second gobelet du dessous avec votre main droite et retournez-le en le posant à côté du premier gobelet et sur les 2 balles posées sur la table.

Posez ensuite le troisième gobelet à côté. Dans ces mouvements, une troisième balle secrète aura été amenée automatiquement avec les 2 autres.

9 Pour terminer le tour, il vous faut poser la troisième petite balle sur le gobelet central. Posez ensuite les 2 autres gobelets sur le gobelet central et la petite balle.
Faites une dernière passe magique en direction des gobelets et soulevez-les.

Les 3 petites balles se retrouvent ensemble après avoir traversé les gobelets.

Attention, il reste à l'intérieur des gobelets la petite balle secrète supplémentaire !

Bizzarerie

VOUS AVEZ JUSTE BESOIN DE SUIVRE ATTENTIVEMENT NOTRE HISTOIRE POUR ÊTRE PIÉGÉ PAR CE TOUR.

SECRET
C'est mathématique !

Trois personnes vont voir un spectacle de magie.
Le billet d'entrée est à 10 €.
Elles doivent donc payer à la caissière 30 €...
chacune donne 10 €.

La caissière leur annonce
qu'elles ont une réduction de 5 €
en tant qu'apprentis magiciens.

Il est alors décidé que la caissière garde 2 € de pourboire
et rende 1 € à chaque spectateur.
Donc chaque spectateur
a payé 9 € le spectacle, soit 3 x 9 = 27 €
Ajoutons à ces 27 €, les 2 € de pourboire...
cela fait 29 €.

Où est passé l'euro manquant ?

Si vous le retrouvez, vous pouvez le garder !

Les grands secrets

L'apparition d'une partenaire

UNE PARTENAIRE APPARAÎT, SORTANT D'UN CARTON PRÉSENTÉ VIDE AU PUBLIC.

Vous avez besoin d'une partenaire et d'un assistant.

Préparation du matériel
Vous devez fabriquer 2 cartons de la manière suivante :
– un premier carton d'1 m sur 1 m et de 1,5 m de haut ;
– un second carton de 95 cm sur 95 cm et de 1,15 m de haut.
Dans ce second carton, vous devez pratiquer une ouverture de 80 cm sur 80 cm sur une face, comme le montre le dessin.

Avant le tour
Pliez les deux cartons comme sur le dessin et cachez votre partenaire derrière.
Le carton truqué est placé vers le public et le carton non truqué derrière. Celui-ci est tenu par un assistant et la partenaire est juste derrière.

1 Soulevez le premier carton truqué et ouvrez la trappe secrète derrière pour montrer qu'il est vide.

2 Reposez-le au sol, contre le carton non truqué toujours plié.

Pendant ce temps, la partenaire se glisse, sans être vue, à l'intérieur du carton truqué.

3 Prenez alors le carton non truqué de votre assistant, dépliez-le et posez-le, en vous faisant aider, par-dessus le carton truqué.

4 Il ne vous reste plus qu'à faire un geste magique en direction du carton pour que votre partenaire se relève et apparaisse aux yeux du public.

Le double magicien

LE MAGICIEN ENTRE EN SCÈNE EN TIRANT UNE CORDE COMME S'IL TRAÎNAIT UN OBJET LOURD. IL TRAVERSE LA SCÈNE ET DISPARAÎT EN COULISSES, TOUT EN CONTINUANT DE TIRER LA CORDE. À L'AUTRE BOUT DE LA CORDE, APPARAÎT ALORS LE MAGICIEN EN PERSONNE, COMME S'IL S'ÉTAIT TIRÉ LUI-MÊME !

Vous avez besoin de deux assistants et d'une scène adaptée, ainsi que d'une corde suffisamment longue par rapport à la scène.

1 Vous entrez en scène en tirant une corde, alors qu'un assistant tient secrètement le reste de la corde en coulisses.

De l'autre côté, un second assistant vous attend secrètement, en coulisses, pour attraper la corde.

2 Lorsque vous avez traversé la scène, vous laissez votre bout de corde à l'assistant caché qui continue de tirer à votre place.

3 Pendant ce temps, sans être vu du public, vous courez en coulisses pour rejoindre l'autre côté de la scène.
Prenez alors le bout de corde tenu par le premier assistant et laissez-vous tirer sur scène.
L'illusion sera parfaite et le public croira que vous vous tirez vous-même !

Lévitation horizontale

APRÈS AVOIR ÉVOLUÉ AUTOUR D'UN ASSISTANT, LE MAGICIEN EXÉCUTE DES PASSES MAGIQUES DANS SA DIRECTION... ET CELUI-CI SE SOULÈVE DU SOL EN LÉVITATION !

Vous avez besoin d'un assistant en costume particulier et d'une sérieuse préparation.

Préparation du matériel

Munissez-vous de deux tiges de bois de 125 cm environ. Fixez une chaussure à l'extrémité de chaque tige, à l'aide d'un morceau de bois de 15 cm environ. Votre assistant doit être recouvert d'un grand voile des pieds à la tête, assez large pour traîner sur le sol. Chacune des tiges de bois est placée sous ses bras.

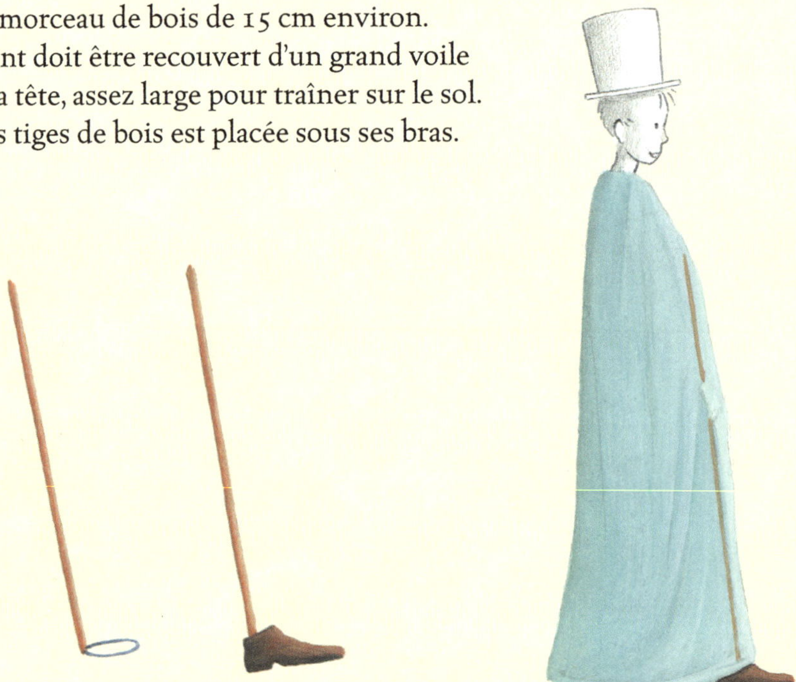

1. Votre assistant se tient de profil sur scène avant l'ouverture du rideau.

2. Vous entrez en scène et vous faites des passes magiques dans sa direction. L'assistant doit alors faire semblant de s'endormir et basculer lentement et progressivement sa tête en arrière tout en soulevant les chaussures à l'aide des tiges qu'il tient sous son voile.

3. Les chaussures se soulèvent alors du sol et donnent ainsi l'illusion que l'assistant se trouve en lévitation.
Attention, veillez à ce que le voile soit assez large pour ne jamais se soulever du sol.

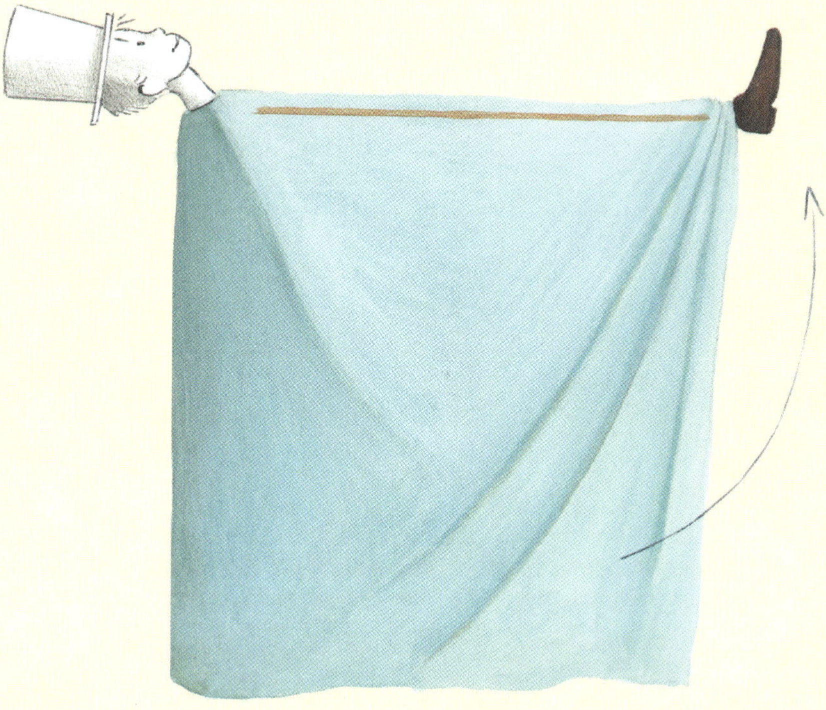

La grande évasion

UN PARTENAIRE, ENFERMÉ DANS UN GRAND SAC NOUÉ SOLIDEMENT À L'INTÉRIEUR D'UNE CAISSE CADENASSÉE, S'ÉVADE EN UNE FRACTION DE SECONDE.

Vous avez besoin de l'aide d'un partenaire et de deux assistants.

Préparation du matériel

Munissez-vous de deux sacs identiques, d'un morceau de corde, d'un paravent et d'une caisse truquée de la manière suivante : la caisse doit être assez grande pour contenir votre partenaire et munie de cadenas pouvant condamner la fermeture de la caisse. À l'arrière de la caisse, un volet secret fixé par une charnière doit permettre au partenaire de sortir.
L'un des 2 sacs se trouve à l'intérieur de l'autre au fond de la malle.

1. Le partenaire entre dans la malle et se glisse à l'intérieur du sac. Il récupère le deuxième sac caché dans le premier et passe l'ouverture de ce sac secret dans l'ouverture du premier.

2. Le magicien récupère l'ouverture du sac secret et le tire à l'extérieur du premier sac tout en dissimulant cette manœuvre avec ses mains.

3. Un spectateur est alors invité à nouer la corde autour de l'extrémité du sac (qui sera, en fait, l'extrémité du deuxième sac).
Le spectateur regagne sa place. Le magicien ferme la malle au-dessus de son partenaire à l'aide de solides cadenas.

4. Maintenant, tout va très vite.
Pendant que 2 assistants amènent un paravent devant la malle, le partenaire sort de son sac qui n'a jamais été fermé et récupère le deuxième sac vide, mais noué.
Il sort de la malle par la trappe arrière et monte dessus pour se mettre en pose.
Le paravent est écarté… et l'évasion réussie !

À savoir

Le boniment

Un tour de magie repose sur un simple truc. Seule l'expression artistique associée à ce truc permet de faire basculer le tour dans la magie. Il est donc essentiel de soigner la présentation, de veiller à avoir des gestes précis et élégants et, surtout, de prévoir un petit discours ou boniment, qui accompagnera le tour.

Le boniment est très important car il constitue le lien direct entre le magicien et le spectateur. C'est l'histoire qui, avant tout, va interpeller et faire rêver le public. Réaliste ou non, le boniment doit être l'expression de la personnalité du magicien et doit coller à l'illusion pour qu'elle soit crédible et porteuse d'émotions.

Le trac

Il faut d'abord savoir que le trac est tout à fait naturel. Il est normal d'avoir peur de ne pas être à la hauteur lorsque l'on va présenter un tour en public. Chacun trouvera ses propres solutions, mais voici quelques conseils pour apprendre à mieux contenir ses émotions. Tout d'abord, il est préférable de bien travailler le tour et de le répéter plusieurs fois pour ne pas craindre de le rater techniquement.

Lorsque le tour est bien maîtrisé techniquement, il est nécessaire de se concentrer sur la présentation. N'hésitez pas à être direct et essayez de savoir exactement ce que vous voulez provoquer chez les spectateurs. Captez l'attention du public en lui parlant directement et sans retenue.

Jouez le magicien en évitant de penser à vos craintes et en vous concentrant sur le plaisir de partager avec les spectateurs un moment de détente et de divertissement. N'oubliez pas que l'enjeu est simplement de distraire quelques personnes. Si vous arrivez à voir la représentation sous cet angle, vous devriez réussir à contenir votre trac !

La vulgarisation

La vulgarisation, qu'il ne faut pas confondre avec le débinage, permet d'initier le grand public à l'art magique. Les techniques de base de la prestidigitation sont expliquées aux jeunes désireux de découvrir cet univers extraordinaire. En donnant accès à quelques secrets de magiciens, cette démarche accroît le nombre d'initiés et contribue au renouvellement et au développement de la prestidigitation. De plus, pratiquer la prestidigitation, même sans devenir professionnel, sert à développer sa personnalité et permet d'apprendre à bien faire la différence entre réel et illusion.

La vulgarisation se pratique avec des livres, des vidéos, des CD ou dans des ateliers de magie qui sont organisés dans un grand nombre de villes. Certains magiciens professionnels proposent des cours de magie relativement efficaces, et une fois les premières bases acquises, la plupart des apprentis magiciens s'inscrivent dans des associations ou des cercles magiques.

Les cercles magiques

S'inscrire à un club de magie est le moyen le plus courant pour se perfectionner. Cela permet de rencontrer ceux qui partagent la même passion et d'apprendre de nombreux tours. Pour être admis dans une association de magiciens, il est indispensable de passer un examen d'entrée et de prêter le serment du secret afin d'écarter tout curieux sans intentions sérieuses.

Construit en 1909 et ouvert aux magiciens depuis 1963, le *Magic Castle* de Hollywood est le club de magiciens le plus célèbre du monde. Celui de Londres, créé en 1905, est le cercle anglais le plus actif, regroupant un centre des arts, un théâtre, une bibliothèque et un musée.

En France, il existe de nombreuses associations.

L'Association française des artistes prestidigitateurs, fondée en 1928, est l'une des plus connue. Elle s'est transformée avec le temps mais permet toujours à de nombreux amateurs de se retrouver autour de l'art magique.

L'Académie française des illusionnistes a été au cœur de la création de l'un des plus célèbres festivals de magie au monde : *Les Mandrakes d'Or.* Elle continue de gérer l'événement annuel de la magie : la remise des statuettes de Mandrake le magicien.

Méga Magie a créé le premier Championnat de France de magie en 2005 et permet ainsi aux jeunes magiciens d'avoir accès à un événement national filmé pour la chaîne Paris Première.

La FISM

Fédération internationale des Sociétés magiques

L'un de ses principaux objectifs est de contribuer à faire évoluer l'art de la magie.

Cette association organise tous les 3 ans un congrès mondialement connu où se produisent les plus grands magiciens de la planète.

Concours, conférences, séminaires, galas et démonstrations des marchands de trucs sont au programme.

Cette importante manifestion couronne un magicien qui, en devenant champion du monde de la magie, entre dans l'histoire de cet art.

Liste complète de tous les champions du monde

1946 à Amsterdam	Jean Valton (France)
1947 en Hollande	Nic Niberco (Hollande)
1948 à Lausanne	Willane (Angleterre)
1949 à Amsterdam	Viggo Jahn (Danemark)
1950 à Barcelone	Mystica (plus tard Fred Kaps) (Hollande)
1951 à Paris	Geoffrey Buckingham (Angleterre)
1952 à Genève	Moroso (Italie)
1955 à Amsterdam	Fred Kaps (Hollande)
1958 à Vienne	Tommy Van Dommelen (Hollande)
1961 à Liège	Fred Kaps (Hollande)
1964 à Barcelone	Pierre Brahma (France) et M. Cox (Allemagne)
1967 à Baden-Baden	Di Sato (Harry Theiry) (Hollande)
1970 à Amsterdam	Richard Ross (Hollande)
1973 à Paris	Richard Ross (Hollande)
1976 à Vienne	Pierre Brahma (France)
1979 à Bruxelles	Ger Copper (Hollande) et Sultangali Shukuroy Sara Kabigujina (Russie)
1982 à Lausanne	Lance Burton (États-Unis)
1985 à Madrid	Javier et Ana (Espagne)
1988 à Den Haag	Johnny Ace Palmer (États-Unis)
1991 à Lausanne	Vladimir Danilin (Russie)
1994 à Yokohama	Franklin (Allemagne)
1997 à Dresde	Ivan Netcheporenko (Russie)
2000 à Lisbonne	Scott the Magician (Hollande)
2003 à La Haye	Norbert Ferre (France)
2006 à Stockholm	Pilou (France)
2009 à Beijing	Soma (Hongrie)
2012 à Blackpool	Yu Ho Jin (Corée)
2015 à Rimini	Hector Mancha (Espagne)

Index

Les tours de cartes

Les tours de pièces

Les tours de cordes

Les tours d'allumettes

Les tours divers

Magiciens

Techniques

Gilles Arthur

Magicien professionnel d'exception et de renom, Gilles Arthur a toujours veillé à la promotion de l'art magique en France en créant notamment *Les Mandrakes d'Or*, festival international de l'illusion et de la prestidigitation ainsi que *Attention Magie* et *Toute la magie du monde*, émissions de référence sur cet art. Magicien du spectacle et de la scène, il débute à l'âge de 16 ans par un engagement à l'Olympia puis, dès l'année suivante, par une série d'émissions de télévision. Quelques années plus tard, il produit lui-même ses émissions, règle des sketches comiques pour Les Nuls, des effets spéciaux magiques pour différentes vedettes et devient le magicien de *Fort-Boyard*.

Pour lui, « un magicien est un être qui a des pouvoirs ». Il en découle une distinction entre prestidigitateur et illusionniste. En effet, tandis que le premier effectue des tours, le second s'attache à une représentation plus théâtrale de son art.

Très attaché à l'aspect créatif de la magie, Gilles Arthur est l'inventeur des « Méga-Illusions » qui, à l'inverse des « Grandes Illusions », ont lieu en extérieur, sur une place ou sur un site exceptionnel, ce qui les rend encore plus impressionnantes. Il parvient ainsi à faire disparaître la tour Eiffel et il réussit l'incroyable pari de mettre en lévitation l'Hôtel de Ville de Gagny en 1990. Rencontrant un énorme succès, cet événement marque le début d'un nouvel engouement pour la magie en France.

En 2000, il produit la plus grosse émission de télévision de magie en Europe avec près de 7,5 millions de téléspectateurs sur TF1. En 2005, il crée le Championnat de France de magie pour mettre en valeur les jeunes magiciens français, mais c'est sur la scène des Folies Bergères ou sur celle du Lido qu'il peut associer ses deux passions : la magie et les nouvelles technologies.

Donner à voir l'irréel requiert une maîtrise des technologies avancées et une utilisation judicieuse des connaissances acquises : « Mes études de mathématiques et de physique m'ont été d'une grande utilité », dit-il en précisant combien lui fut précieux le concours d'ingénieurs chimistes et d'ingénieurs électroniciens.

S'il peut défier les lois de la pesanteur et nourrir d'ambitieux projets, Gilles Arthur prend le temps de poser sur notre société un regard lucide.

« En tant que magiciens, nous jouons sur l'illusion, mais aujourd'hui, tout le monde a recours à des procédés magiques en mettant en avant le paraître au détriment de l'être. »

Il choisit donc de s'investir également dans des galas bénévoles qu'il donne avec plusieurs magiciens français dans les hôpitaux pour enfants malades. Il confie à ce sujet : « C'est autant un bonheur pour moi que pour les enfants. »

Au sein de la grande famille des magiciens (300 professionnels et 3 000 amateurs et semi-professionnels dans notre pays), Gilles Arthur semble ne trahir personne, quand il énonce comme profession de foi : « Qu'il s'agisse de tours de cartes ou d'effets spéciaux, notre priorité est d'emporter le public dans un rêve, loin du quotidien, car un magicien est un véritable artiste qui se doit de transporter ses spectateurs vers l'émotion et la poésie. »

Intègre et exigent dans son travail, Gilles Arthur a su trouver l'équilibre entre illusion et réalité grâce à une vie familiale harmonieuse avec son fils Arthus et sa femme Corinne.

Adresses utiles

MUSÉES

Le Musée de la Magie
11 rue St Paul
75004 Paris
Tel. : 01.42.72.13.26

La Maison de la Magie
Place du Château
41100 Blois
Tel. : 02.54.55.26.26

Le Musée du Cirque
et de l'Illusion
D952 La Croix St Jacques
45570 Dampierre en Burly
Tel. : 02.38.35.67.50

BOUTIQUES

Les boutiques en région Parisienne

Académie de Magie
11 rue St Paul
75004 Paris
Tel. : 01.42.72.13.26

MagicDream
16 rue Bernard Shaw
75015 Paris
Tel. : 01.40.56.02.01

Mayette Magie Moderne
8 rue des Carmes
75005 Paris
Tel. : 01.43.54.13.63

ARTECO
Zi du bois de Leuze
Rue Denis Papin
13310 Saint Martin de Crau
Tel. : 04.90.47.23.11

Les boutiques en Province

Abracadabreizh
28 rue Poullain Duparc
35000 Rennes
Tel. : 02.99.79.24.08

Magic Events
34 cours Jean-Jaures
38000 Grenoble
Tel. : 04.76.43.44.23

Magix
3 rue de la Klebsau
67100 Strasbourg
Tel. : 03.88.84.94.21

Windy Morning
24 rue Huguerie
33000 Bordeaux
Tel. : 05.56.01.24.10

LIEUX MAGIQUES

Le Double Fond
1 place du Marché Ste-Catherine
75004 Paris
Tel. : 01.42.71.40.20

L'Antre Magique
50 rue Saint Georges
75009 Paris
Tel. : 01.39.68.20.20

LES SITES INTERNET

www.museedelamagie.com

www.virtualmagie.com

www.magicplanet.com

www.lepetitmagicien.com

www.marchanddetrucs.com

www.magies.com

www.mayette.com

www.toutelamagie.com

ISBN : 978-2-01-627063-9
Dépôt légal : octobre 2017 – Édition 02
Loi n° 49-956 du 16 juillet 1949
sur les publications destinées à la jeunesse.
Achevé d'imprimer en février 2018.
Imprimé en Espagne par Estella Graficas.